集英社新書ノンフィクション

財津和夫
人生はひとつ　でも一度じゃない

NHK「ザ・ヒューマン」取材班
川上雄三

JN042895

目次

まえがき

忘れられない財津さんの姿がある。がんからの復活コンサートに臨む様子をこの目に焼き付けたいと私たちが取材に入ると、そこには緊張して不安に駆られながらも、すべてのスタッフにあいさつをする財津さんがいた。財津さんはすぐに私たちのところへやってきて、声をかけてくれた。ふつうであれば他人に構っているような余裕がないなかでも、気遣いを忘れない。アーティストとしてではなく、ひとりの人間としての財津さんの器の大きさを垣間見《かいまみ》た瞬間だった。

昭和から令和の音楽シーンを牽引《けんいん》してきた財津和夫というひとりのアーティスト。団塊の世代の方々にとっては語り尽くせないほどの思い出があるだろう。しかし、三〇代の私の周りでは「最近あまり見かけないね」「どんな曲の人だっけ」という声ばかり。同じ福岡出身の私はいつか財津さんを取材し、若い世代にもちゃんと彼の魅力を知ってほしいと考えていた。でも、どうやって、どんな切り口で取材すればいいのだろうかともやもやしていると、驚きのニュースが入ってきた。全国ツアー中に大腸がんが判明し、闘病生活に入ったというのだ。そのときから、おこがましいかもしれないが、私が財津さんのことを記録し、多くの人に伝えなければいけないと思うようになった。

ＮＨＫには、過去の番組を見られるアーカイブシステムがある。それを調べると、ここ一〇年近く、財津さんを正面から取材した番組はないことがわかった。切り口やタイミングは関係ない。いま、財津さんが思っていること、感じていること、そしてどう次のステージに向かっていくか、記録しなければいけない。そこから私たちの取材が始まった。

取材では多くのファンや財津さんと同世代の方々にもお会いすることがあった。その過程で、「若いくせに何で取材しているの？」「財津さんの魅力ちゃんとわかっている？」と言われたこともあった。しかし、全盛期を知らない私のような若造だからこそ、財津さんのいまの姿にしっかりと向き合えるはずだと、信じながら取材を続けてきた。

足掛け四年にわたる私たちの取材は、二〇二一年二月に「ザ・ヒューマン　人生はひとつ　でも一度じゃない～財津和夫～」として放送されたが、番組では伝えきれなかった財津さんの一挙手一投足、そして私が感じた財津さんの人間的な魅力をこれからお伝えする。

第一章　順風満帆ではなかった音楽人生——その光と影

出会いは二〇一八年の夏

二〇一八年夏、都内のリハーサルスタジオ――。

八月下旬ということもあって、気温はとっくに三五度を超えている。私とカメラマン、そして音声マンの三人はとめどもなく流れる額の汗をぬぐいながら、黙々と撮影の準備に取りかかっていた。

ただ、いまから思えば、汗は暑さのせいだけではなかったのかもしれない。

財津に大腸がんが発覚したのは二〇一七年のこと。治療に専念するため、財津はTULIP結成四五周年コンサートツアーを中止にするほかなかった。

それから約一年。体調が回復したこともあって、TULIPがツアーを開催するという知らせが飛びこんできた。

私はNHKでディレクターとしてドキュメンタリー番組を制作している。

がんから生還し、ふたたびコンサートにチャレンジする財津の姿を追ってみたい――。

そう閃《ひらめ》いた私はさっそく、財津の所属事務所に番組出演をオファーし、承諾を得た。その取材がいよいよこの日からスタートするのだ。しかも財津とはこれが初対面となる。当時の私はまだ三〇歳を迎えたばかりだった。こんな若造が取材にやってきたと知り、財津はがっかりしないだろうか？　そんな不安感が、私にさらに汗をかかせていたのだと思う。

スタジオ内は、ピンと緊張の糸が張りつめていた。無理もない。一年三ヵ月ぶりのＴＵＬＩＰ再始動なのだ。スタッフも緊張しているのだろう。

「こちらです」

スタッフに指示された控室に入ると、私たちがあいさつするより先に立ちあがった男性がいた。すらりとした立ち姿。財津だった。

「このたびはご丁寧にお越しいただき、本当にありがとうございます」

いきなりお礼のことばを聞かされ、私はうろたえてしまった。取材をお願いしたのはこちらのほうだ。なのに、財津はこちらが先に言わないといけないことばを次々と投げかけてくる。

その様子を見ながら、財津のマネージャーが、私が財津と同じ福岡の出身であり、両親が財津の長年のファンだったこともあり、小さな頃からＴＵＬＩＰの曲に慣れ親しんできたと紹介してくれた。するとうれしそうに、それでいてとても恐縮した様子でふたたび財津が口を開いた。

「光栄です」

ここでも感謝のことば。なんて腰の低い人なんだろう――。

それが財津の第一印象だった。それまで私は財津に物静かで気難しい人というイメージを抱いていた。過去のインタビュー映像などを見ていると、斜に構えているというか、本心をなかなか見せない人という印象があったからだ。財津をよく知る人からも、「あまり人に心を開くタイプではない」と聞かされていた。しかし、実際に会う財津はそうしたイメージとは真逆の人だった。

音合わせの時間となり、財津はスタッフの待つリハーサルスタジオへと向かった。途中、マイクスタンドや機材などに足をひっかけては、恥ずかしそうにこちらを振り返る。ようやく自分の定位置となるキーボード前にたどりつくと、おもむろに財津がスタッフにこう話しかけた。

「今日は何からだっけ？」

その問いに舞台監督が答える。

「NHKさんの取材も入っているので、『心の旅』からいきましょうか」

そのことばにうなずきながら、財津が楽器のチューニングに取りかかった。といってもチューニングに没頭というわけではない。メンバーの宮城伸一郎《みやぎしんいちろう》のベースギターを取りあげては「もっと軽いヤツを使ったほうがいいんじゃない？」とからかってみたり、やはりメンバーの姫野達也《ひめのたつや》と何やら楽しげにおしゃべりしてみたりと、財津なりにスタジオ内の緊張感をほぐそうとしているようだった。

やがて、財津のかけ声とともに名曲「心の旅」の演奏が始まった。それも一度ならず、三度も。財津の歌声はパワフルで、はた目からはとても一年前まで大腸がんと闘っていたアーティストとは思えない。

ただ、その表情はどこか自信なさげだった。その様子を見て思わず、「仕上がりはいかがですか？」と声をかけてしまった。

「予定どおりに順調にきているとは思うんですけど、個人的にはどうかな。順調にきてい

リハーサル中の財津。2018年８月

ると は思うんですけど、個人的にはまだまだという不安もありますね」

　似たような言い回しを二度も繰り返した後で、それでもまだ説明が足りないと感じたのか、財津はさらにこう付け加えた。

「闘病生活を一年ほどしてやっと戻ってきてのスタートなんで、始めてみないとちょっとわかんないかな。気持ち的にはいつもの感じでやろうとは思っているんですけど、やっぱり肩に力が入っているのかもしれませんね」

　芸能人やアーティストと呼ばれる人々は基本的にポジティブなことしか口にしない。とくに一対一のインタビューともなれば、メディア側は何とか取材対象の本音を引き出そうと、通常の会見では聞けないようなネガティブな質問もぶつける。そんなメディアへの防御的な意味もあって、前向きで無難な受け答えになってしまうのがふつうだ。

ところが、財津は「仕上がりは?」という問いに、「肩に力が入っているのかも」と、さらりと自分の弱さをさらけ出してしまう。何だか、とても新鮮だった。

万事、謙虚で控え目な受け答えが続くなかで、財津がひとつだけ思わせぶりな物言いをした話題があった。復活コンサートのオープニング曲についてだった。ライブの雰囲気は第一曲目で決まる。そのため、アーティストたちは最初の曲を何にしようかと、あれこれと思い悩む。しかし、財津はセットリスト（コンサートで演奏する曲の一覧表）の一番目は「すでに決めてある」と言うのだ。

その曲名が知りたかった。しかし、財津はいたずらっぽくニコニコと笑うだけで、なかなか曲名を明かそうとしない。仕方ないのでこう質問してみた。

——その曲をオープニング曲に選んだ理由だけでも聞かせてください。

「ものすごく久しぶりにその曲をやってみたくなったんです。タイトルからして、一曲目にやるといいなと瞬時に思ってしまって。コンサートの演奏曲を決めるにあたって、最初に決めたのがこの曲をオープニングで歌おうということでした。タイトルはネタバレになっちゃうから、いまは言いません」

——がんが癒えてコンサートを再開する。そんな財津さんのいまの心情とマッチするということでしょうか？

「そうかもしれません。元気で楽しい曲というだけでなく、何といってもコーラスワークがふんだんに入っていて、聴衆がライブ会場でバンドをふんだんに感じられる曲なんです」

そう語る財津の表情はどこかうれしそうだった。久しぶりのコンサートに不安を抱えながらも、会場を訪れるファンに楽しんでもらいたいという財津の思いがひしひしと伝わってくる。これからの取材が楽しみだった。

原点の場所

取材中に財津が私たちを案内してくれた、彼にとっての原点ともいえる場所がある。福岡市中心部の天神駅から徒歩一〇分ほどのところにある須崎《すさき》公園だ。アマチュア時代、財津がしばしばライブを開いた福岡市民会館のすぐそばにあり、ここでよく練習をしたという。

公園中央部にある噴水池を背に広い園内を北西に進むと、開けた場所にぶつかる。このエリアこそが財津の思い出の場所だ。

「いや～、ここは懐かしいんですよ」

財津が指さしながら、さらに歩みを進める。そこにあったのは、老朽化した野外ステージだった。建築当時は白色だったに違いないコンクリート柱もいまでは劣化が進み、古色蒼然《そうぜん》としている。ステージ前に並ぶ二〇〇席ほどの青いベンチも痛みが激しい。その古びた野外ステージを愛《いと》おしげに眺めながら、財津が語り出した。

「昭和四〇年代でした。いまのようにストリートミュージシャンなんてことばもなく、どこで演奏したらいいのかもわからないような時代でした。しかも、バンドってほら、大きな音を出すでしょ？　でも、ここなら少々大きな音を出しても、近隣の迷惑にさほどならない。本当にありがたかったですね」

若かりし頃の自分たちの姿が脳裏に去来しているのだろうか、財津は埋もれかけた記憶

原点の須崎公園野外ステージにて

を一つひとつたどるように、こう続けた。

「本当にがむしゃらでした。大げさでなく、歌を歌い、ギターを弾くことがすべてでした。そういう時代に、この野外ステージに夜中にやってきて演奏する。しかも、観客席に仲間が座って、まるでお客さんのように聞いてもらえる。ちょっとした疑似コンサート空間だったんです。いまになって思えば、若さが弾《はじ》けていたんだなって思います」

――当時の記憶はいまでも鮮明ですか？

「夜のシーンしか思い出しませんけど、フフフ。深夜にわずかな明かりの中で演奏していたことをよく覚えています。あの頃、どんなことを考えていたのかな。やんちゃで、明日のことは何も考えていなかったなあ。気の向くまま、ギターを弾いて歌っていれば、それだけで楽しかった。無垢《むく》で純粋で計算なんてものが何もない。この年になると、そんな特別な時空にいたんだなあとあらためて思いますね」

ビートルズに憧れた学生時代

財津の音楽の原点はビートルズにある。学生の頃から米軍のラジオ放送を聞き、洋楽に触れてきた財津。とくに心惹《こころひ》かれたのがビートルズの楽曲だった。ビートルズ来日時には浪人中だったにもかかわらず、受験勉強を放り出して上京し、コンサートに駆けつけたほどだった。

多彩なメロディを自在に紡ぐことから、「和製ポール・マッカートニー」と呼ばれることもある財津だが、当初は自由奔放なジョン・レノンにシンパシーを感じていたという。ところが、母親から「ふつうの人間になりなさい！」と諭され、それならバランス感覚のよいポールのような音楽家になろうと考えを改めたという。

バンド活動に没頭していた財津が音楽以外に熱中できたものがひとつだけあった。パチンコだ。一時はパチンコに入れこみ、音楽を忘れそうになったこともあったのだとか。ある講演会で、財津はパチンコに熱中した日々をこう語っている。

「高校の同級生の多くは大学に進んだんですが、僕は親から『大学に行かせるお金はない』と言われたこともあって、あっさり進学を諦めてブラブラしていました。素直だったんです（笑）。ただ、体裁が悪いので、周囲には浪人中と言っていました。とはいえ、受験勉強するわけでもないので、毎日がひまで仕方ない。それで連日、パチンコ店通いをしていました。というのも、パチンコ玉を弾くとなぜか、勝利の大波が押し寄せて勝っちゃうんです。それも一回、二回のことじゃなくて連戦連勝。当然、ポケットには元手を大きく上回るお金がたまることになる。そのお金でビートルズのレコードを買ったり、時には優雅にタクシーで帰宅したりするなんてこともあった。そんな日々を過ごすうちに、パチンコ三昧の日々も悪くないなと思うようになってしまったんです」

　真摯に音楽と向き合ういまの財津の姿からはとても想像できないエピソードだ。しかし、そんな自堕落な生活から救ってくれた人がいた。

「ある日、街で高校の同級生だった女の子と、パチンコ帰りにばったり出会った。彼女はすでに社会人になっていて、僕の顔を見るなり、『財津くん、こんなところで何しようと?』と聞いてきたんです。それでバカ正直に『パチンコからの帰り』と答えると、『そげなことして。みんな大学に進んだとに、あんたは行きたくないとね。とにかく大学だけは受験しなさいよ』と叱られてしまって。『家に金がなくて、大学に行かせてもらえない』と言い訳もしてみたんですが、『何を言うとんの。親というものはお金がなくても、子どもが大学に合格したら学費くらいは何とか工面してくれるもんよ。それが親というもんたい』と、ピシャリとやりこめられてしまいました」

この同級生の叱咤《しった》がきっかけとなり、財津はその後、人が変わったように受験勉強に取り組んだ。結果は持ち前の強運もあって、九州の私大の雄、西南《せいなん》学院大学に合格。その西南学院大で財津はひと足早く進学していた同級生らとバンド活動を再開し、ふたたび音楽に打ちこむようになる。

しかし、当時はベトナム戦争が勃発し、大学のキャンパスでは反戦運動が吹き荒れていた時代だった。西南学院大でも学生デモが激化し、授業が中止になるなど大きな混乱が続いたという。

「学生運動といってもひとつじゃない。多くのセクトが入り乱れ、競うように運動を展開していました。音楽バンドもその影響を受け、反戦メッセージ色の強い曲を作って歌うことが目新しいというか、ある種の流行のようになっていました。ただ、僕たちのバンドはどちらかというと、そうした社会性のある主義、主張とは距離を置いていました。それよりも、ビートルズみたいに格好よく演奏したかった。純粋に音楽と向かい合っていたかったんです」

そんな財津だけに、大学では時折、学友から怒声を浴びることもあった。

「みんなが反戦を叫んでいるときに音楽にうつつを抜かすなんて、何をやっているんだ！週に一度はそんな風に怒鳴られていました(笑)。当時は音楽をやっている連中でも、何か事があるとギターを角材に持ち替えて闘争の輪に加わるという時代でしたから。バリケードを築き、夜を明かして学生集会を決行するから来いと誘われて参加したこともあったんですけど、どうにも馴染《なじ》めませんでした。こちらに唾を飛ばしながらアジテーションする連中を見ていたら、どうにも嫌になってしまって。結局、ビートルズが何よりも好きだった。それだけだったんですよ」

学生運動と距離を置いた財津は次第にアマチュアとしての活動に満足できず、プロミュージシャンを意識するようになる。その第一歩がプロの登竜門とされるライト・ミュージック・コンテストへの挑戦だった。

「バンドは本当に楽しかった。でも、食べていかなければいけない。大学卒業も迫っていました。そこで、ヤマハが主催していたライト・ミュージック・コンテストに応募したんです。当時のバンド名は、ザ・フォーシンガーズ。『金毘羅舟々《こんぴらふねふね》』という曲を演《や》りました」

フォーシンガーズは見事予選を通過し、フォーク部門の九州地区代表として新宿区の東京厚生年金会館で開かれる本選に出場することになった。ただ、財津が出場した第三回ライト・ミュージック・コンテストは激戦で、本選には赤い鳥、オフコースなどの実力派グループが各ブロック代表として駒を進めていた。結果は「竹田の子守唄」を歌った赤い鳥がグランプリ、二位に小田和正《おだかずまさ》らのオフコースが食いこみ、フォーシンガーズは六位入賞だった。

「グランプリを獲《と》る気で東京へ乗りこんできたのに六位入賞でしょ。これじゃ、話にならない。失意を抱えながら福岡へと帰りました。でも無性に悔しくてね。そこで生まれ変わってがんばるぞと、TULIPという新バンドを作って翌年にふたたびコンテストに挑戦したんです。『心の旅』のヒットで全国区になったいまのＴＵＬＩＰの前身バンドです。一九七〇年のことでした。そのときは、『柱時計が10時半』という曲を歌って二位になりました」

私の小さな人生

このコンテストで準グランプリに輝いたＴＵＬＩＰは一九七一年、ついに東芝音楽工業の新田《にった》和長《かずなが》がディレクターとなり、デビューすることになる。発売した曲のタイトルは「私の小さな人生」。いまでは財津のコンサートでもほとんど歌われなくなってしまった曲だが、その歌詞が印象深い。

私の小さな人生

私が今日まで　生きてきて
何がこの手に　残ったろう

生まれて死ぬまで　私は何をする
お金をもらって　何に使おう
歩いても歩いても　いつも一人だった
人はおかしな男と言うけれど
私の小さな人生は
これからどんなに変わるのか

花の開く音も　人の歌う声も
私には淋《さび》しく　聞こえてくる
なにをしながら生きて行こう
できることなら　死んで行くその日まで
歌を歌って生きて行きたい
歌を歌って生きて行きたい

何とも切ない歌詞のこのデビュー曲は、財津がふと乗り合わせたタクシー車内での会話がきっかけで生まれた。のちにTULIPのメンバーになる安部俊幸《あべとしゆき》というギタリストがいた。すでに故人となっているが、財津は大学時代、この安部の家に泊まることが多かった。ある日、いつものように安部の家に遊びに行こうとギターを抱えてタクシーに乗りこむと、運転手がこう語りかけてきたという。

「あんた、ギター弾くとね。私もやっていたんだけど、途中でやめてしまった。でも、音楽はいいよね。あんた、諦めずに音楽を続けなさいよ」

車内では運転手の話を適当に受け流していた財津だが、タクシーを降りても妙に記憶に残ることばがあった。「諦めずに音楽を続けなさいよ」というセリフだった。

「乗り合わせただけの客に突然、こんなセリフを投げかけるなんてよっぽど音楽を続けたかったんだろうなと思うと、運転手さんのことばが夜半になっても頭の中をずっとリフレインしてしまって。それで安部の部屋で夜中にギターを持ち出し、そのことばを手がかりにして曲を作ってみたんです。そうして生まれたのが『私の小さな人生』という曲でした」

タイトルを決める上で財津がこだわったのが「小さな」という形容詞だった。「大勢の聴衆の前で歌うプロなら、その人生は大きなものと呼べるでしょう。でも、僕が出会った運転手さんは音楽を途中でやめてしまい、人前で歌うチャンスなんてない。自分の部屋でひっそりとギターを弾くか、あったとしてもせいぜい、一〇～二〇人ほどの見知った顔の前で歌うくらいのものでしょう。そう思うと、タイトルを『私の人生』とするよりも、『私の小さな人生』としたほうがしっくりくるなと考えたんです」

ただ、このバンドは「私の小さな人生」をレコーディングした翌日に、ある事情からメンバーふたりが脱退することになり、やむなく解散となってしまった。TULIPファンの間で、「私の小さな人生」が幻のメジャーデビュー曲として語り継がれるのは、そのためだ。レコードは発売になったものの、その歌を演奏するバンドはすでにない。途方に暮れた財津は福岡へと戻り、再起のときを待つこととなった。

僕はふるさとを捨てた

財津が最初に着手したのは、新メンバー集めだった。とはいえ、プロで通用するような技量を持つメンバーは、そうそう見つからない。

「だから、どうしても実績のあるバンドで活躍しているメンバーを引き抜く形になってしまう。たとえば、上田雅利《うえだまさとし》は武田鉄矢《たけだてつや》がいた海援隊から強引に引き抜いたし、姫野も、地元で活躍していたバンドからの引き抜き組。結局、五人のメンバーをそろえて新生TULIPとしてスタートを切ったときには、三つのバンドを壊した形になっちゃった。地元では『バンド潰しの財津』と呼ばれ、ずいぶんと恨まれたりもしました」

福岡では、TULIPはもっぱら歌声喫茶と呼ばれるスペースで演奏した。

「当時は、ライブハウスなんていう洒落《しゃれ》たスペースはありませんでした。だから、歌声喫茶で演奏しながら、小遣い稼ぎをしていました。そうして再起の機会をうかがいながら、ある日の真夜中にエイヤ!とレコーディングしたのが『魔法の黄色い靴』でした」

録音の仕上がりは上々で、リバプールサウンドの響きのする「魔法の黄色い靴」は地元・福岡の音楽関係者の間で瞬く間に評判となった。気をよくした財津はデモテープを携え、ふたたび上京した。「魔法の黄色い靴」は東芝音楽の目にとまり、新生TULIPのファーストシングルとして、一九七二年六月に全国発売されることとなった。

再デビューが決まり、財津は活動拠点を福岡から東京へと移す決断をする。その財津が再上京するにあたり、心に誓ったことがある。それは、故郷を捨てる、ということだった。財津が当時の心境をこう回想する。

「福岡から見ると、当時の東京は異国のような大都会でした。福岡にはない首都高や地下鉄を見るだけで、『もう負けそう』と弱気になって福岡へ戻りたくなってしまうんです。おまけにお金もなかった。本当に体ひとつ、所持金ゼロに近い状態での上京でしたから。それで東京に着くと、まっすぐに所属事務所に行き、五人の当面の生活費を借りたことをいまもよく覚えています。本当に不安でした。だからこそ、里心がつかないよう『福岡という地名が聞こえたら耳をふさごう』『福岡を嫌いになってしまおう』と誓ったんです」

そんな切羽つまった思いが周囲に誤解され、後年、財津は福岡の人々から「故郷を大切にしないヤツ」と反発されることも少なくなかったという。

「故郷を捨てるなんてセリフ、若いからこそ言えたんでしょうね。でもね、本心じゃない。里心がつかないよう、強気にふるまっていただけなんです。いわば、退路を断つための苦肉の策（苦笑）。それだけは声を大にして言いたいなあ」

私も大学卒業後、就職のために二四年間暮らした福岡を離れるときは、友人から「ずっと福岡にいると思ったのに」「福岡のことなんてどうでもいいと思っているでしょ？」と責められた経験がある。一般人の私でさえそうだった。ましてや、財津は福岡ではすでに有名人になっていただけに、より強烈な反発を浴びたことは容易に想像できる。

故郷を語るときの財津は時折、それまでの笑顔を曇らせ、さみしそうな表情を見せることがあった。故郷を捨てる覚悟で上京したことはまちがっていなかったと確信していても、いまになって振り返ると、やはり一抹の後ろめたさが残っているのかもしれない。

苦い思い出となったデビュー

上京当時の財津たち五人のモノクロ映像が残っている。モノレールから浜松町駅に降り立った五人が、東京の街並みを笑顔で闊歩《かっぽ》するというものだ。長髪にジーンズ。いまから五〇年前の映像とあって五人のいでたちはいまの若者のファッションとはまるで異なるが、これから大都会の東京でデビューするという高揚感であふれている。

しかし、その高揚感とは裏腹に、「魔法の黄色い靴」のセールスは全国でわずか二〇〇

若き日の財津和夫

○枚と伸びなかった。

「まあ、売れないですね。歌詞を聞いてもらえば、よくわかります。『君　僕の靴をすてて逃げて走っても／ほらね　僕の靴は君をつれてくるよ』。メッセージも何もあったもんじゃない。これじゃ、聞き手の心に残るわけがないんです」

　メルヘンチックな曲調がまずかったと反省した財津は、二枚目のシングルではリアルさを前面に押し出して勝負することにした。「一人の部屋」という曲だ。

「メルヘンがダメなら、リアルで肉感的な男女の心情を描いてみたらどうだろうと考えて書いてみたんですけど、こちらも鳴かず飛ばずでした。サビが『つまらない　つまらない／一人の部屋の中はもう本当につまらない』っていう歌詞なんです。これだけ『つまらない』という歌詞をリフレインすれば、だれだって次はどんな展開になるんだろうと期待しますよね。ところが、歌はそこでおしまい。その後の展開が何もないんです。聞き手にすれば、何度『つまらない』と歌えば気がすむんだ、本当につまらないとそっぽを向いちゃいますよね。それじゃ、出だしくらいはましなのかというと、こちらもつまらない。なにしろ、『ララ　いつになったら　僕のところへ来てくれるんだ／ララ　こんなに僕を　眠れないほど夢中にさせといて』ですから。それで二曲続けて売れなかったんじゃ、さすがに『君たち、もう次はないね。おとなしく博多に帰んなさい』という雰囲気になっちゃったんです」

売れない時代のエピソードを語るとき、財津はいつも笑顔になる。いまでは完全な笑い話になっているのだろう。とはいえ、二度目の「博多逆戻り」はアーティストとしては致命傷となる。プロの道を断たれることを意味するからだ。まさに絶体絶命。しかし、TULIPはその直後、このピンチを切り抜けることになる。三枚目のシングル「心の旅」が大ヒットしたのだ。

大ヒット「心の旅」の裏側

「もうどんな曲を書いたらいいのかわからなくなってしまって、あとは『自分の体験を書くしかないな』と思ったんです。じつは僕、福岡に付き合っていた女の子がいました。相手はもう働いていて、大学生だった僕と比べると精神年齢はずっと高い。何歳で結婚して何歳で子どもを産みたいとか、人生設計もしっかり持っている。だから、いざ再デビューが決まって上京する段になって、『東京についてきてくれないか』と言っても色よい返事はもらえませんでした。当然ですよね。こちらは運よくデビューできたというだけで、将来の保証なんて何もないんですから。堅実な社会人として生きている彼女が、そんな明日をも知れない男についてきてくれるはずがない。仕方なく、ひとりぼっちで上京しました。そのときの切ない心境をもとに書いた曲が、『心の旅』でした」

「心の旅」が発売されたのは一九七三年四月のこと。「魔法の黄色い靴」に続いて不発に終わった「一人の部屋」のリリースが七二年九月だから、財津はわずか七ヵ月で「博多逆戻り」の窮地脱出を決めたことになる。

財津はこの鮮やかな逆転劇を「どこをどうまちがったか、大ヒットしてくれただけ」と照れる。ただ、その口調はなぜか、ぎこちなかった。どこかに皮肉な響きが感じられるのだ。気になって、あらためて「心の旅」ヒットの理由を訊《たず》ねてみた。

「理由はひとつ、はっきりしたものがございます。それはね、姫野が歌ったからです」

それまでTULIPでは、作詞・作曲を手がける財津がリードボーカルをとってきた。しかし、三枚目の「心の旅」は、一度もボーカルを担当したことのない姫野が歌っている。

「だれかがね、レコーディング当日に、『この曲は財津じゃなく、姫野に歌わせよう』と言い出したんです。まるでそのときに初めて思いついたような口ぶりでしたけど、きっと前の日にでもディレクターらと話し合っていたんでしょうね」

ショックを受けた財津はスタジオの片隅で膝を抱えながら、姫野の歌う姿をただ呆然《ぼうぜん》と眺めていたという。

「初めてリードボーカルを任された姫野は、目を白黒させながら歌っていました。その様子を見て、もう絶対にヒットはないと思いました。こんなレコーディング、早く終わってしまえばいいのにと投げやりな気分でした。ただ、録音次第ではよい出来栄えに仕上がっているかもしれない。それで発売日当日に一縷《いちる》の望みをかけてレコード盤を聴いてみましたけど、やっぱりどうしようもない出来で、絶望しかありませんでした」

「心の旅」は財津が予想したとおり、発売直後のセールスは鳴かず飛ばずで、オリコン初登場時のチャートは七一位にすぎなかった。ところが日を重ねるごとにじりじりとチャート順位を上げ、発売から五ヵ月後にはついに一位に躍り出てしまった。その後、「心の旅」は多くのアーティストにカバーされるなど、令和のいまに歌い継がれる名曲となっている。

取材中、私たちは何度となく、「心の旅」について質問することがあった。すると、いつも決まったように姫野にリードボーカルをとられたエピソードが真っ先に出てくる。TULIP最大のヒット曲になったことより、自分の声で歌えなかったという悔しさがいまも残っているのだろう。財津の自宅で、居間のテーブルの上にアルバム「心の旅」を置いてインタビューするということがあった。そのときの懐かし気ながら、少しさみし気な財津の横顔をいまも忘れることができない。

東京にも思い出の場所が

財津が上京直後に五人で住んだアパート近辺を、取材で訪ねてみようということになった。もちろん、五〇年近く前に住んでいたアパートは取り壊され、いまはない。東京メトロ表参道駅から徒歩五分ほど、南青山六丁目の交差点から少し入った住宅地の一角に、その跡地があった。

「この階段は記憶にあるなあ。ここですよ。この階段を上りきったあたりに古びた木造アパートがあって、その一室にメンバー五人で共同生活したんです」

財津が指さす場所には現在、二棟の住宅が建っている。しかし、当時の面影のない街並みに五〇年前の自分の姿を重ねているのか、財津の思い出話はいつまでもとまらなかった。

「時代が流れたんですね。青山っていまでこそハイクラスな街というイメージがあるけど、当時は建物も少なくて夜になると真っ暗になるような土地柄でした。いまはこれだけにぎやかな表参道も、車が三分間に一台通るか通らないかくらいでね」

アパートは畳敷きの2DKで、五人はすし詰めのような状態で共同生活を送ったという。

「窮屈でしたが、五人の暮らしは新鮮でした。近所に飲食店もあまりなかったから、みんなでチャーハンを作って食べたりしました。通りの向こう側にハンバーガー店があって、それが珍しかったなあ。ただ、東京暮らしを始めたといううれしさはあったんですけど、見ず知らずの街だし、お金もない。だから、どこか不安で、どこに出かけるにも金魚のフンのように、五人ぞろぞろといっしょでした」

いまでは音楽界の大御所になった財津だが、駆け出し時代はごくふつうの若者と変わらない青春時代を過ごしていたのだと率直に感じた。やがて、思い出話は当時の音楽活動へと移っていった。

「神田にヤマハのスタジオがあって、そこに五人で毎日のように通いました。移動は地下鉄でした。ギターとアンプを抱えての移動ですから大変でしたが、それまで地下鉄に乗ったことがなかったので苦にはなりませんでした。何もかもが、物珍しかったんです」

そのスタジオでは、東京の音楽シーンのレベルの高さに驚くことがしばしばだったという。

「日本人がニューヨークに音楽修行に行ったものの、そのあまりのレベルの高さに打ちのめされたという話をよく耳にしますが、僕らも同じようなものでした。福岡の音楽シーンでは人気者で通っていましたから、テクニックもそれなりに自信を持っていたんですが、甘かった。神田のスタジオで演奏している連中を見ていて、その音楽性、技巧性が半端なく高いことにびっくりしました。とてもかなわないと思いましたね。だからといって、いまさら引き返すわけにもいかない。もう上京しちゃってるんですから。だから、とにかく成りあがりでも何でもいい、音楽と心中するつもりで、練習に打ちこんでうまくなろう、ヒット曲を出してやろう。劣等感の中で、そんなことばかりつぶやいていました」

福岡市の須崎公園で話を聞いたときも感じたことだが、財津は若い時分のことをいまでも鮮明に記憶している。その詳細な語り口を聞いていると、当時の様子が私たちの目にも浮かぶようだった。いまは取り壊されてしまった半世紀前の古アパート。そこがアーティスト、財津和夫のスタートの地だった。

あの名曲も作曲

その後の財津の快進撃は私などより、本書を手にとってくださった読者がよくおわかりだろう。ポール・マッカートニーが歌うビートルズの「The Long And Winding Road」を彷彿《ほうふつ》とさせる「青春の影」（一九七四年六月発売）、人気ドラマ「ひとつ屋根の下」の主題歌にもなった「サボテンの花」（七五年二月発売）、さらには財津本人が「まったくのノープロモーションでも売れた」と自賛する「虹とスニーカーの頃」（七九年七月発売）など、多くの名曲を世に送り出してきた。

また、財津は他アーティストにも多くの楽曲を提供している。松田聖子の「夏の扉」（一九八一年四月発売）、「白いパラソル」（同年七月発売）、沢田知可子《ちかこ》の「会いたい」（九〇年六月発売）などのヒットソングも財津の手によるものだ。

とくに松田聖子との仕事は長く、ふたりがタッグを組んだ曲は二十曲以上にもなる。その交流は現在も続き、松田のデビュー四〇周年となる二〇二〇年には「風に向かう一輪の花」を作曲している。作曲を担当することになった経緯を、財津がこう語る。

「この曲は聖子さんがまず作詞をし、これにメロディをつけてくださいと依頼されて作ったんです。詞を読んでみると、聖子さんがファンに、四〇年間の感謝を捧《ささ》げる内容でした。だから、ステージから客席に向かって感謝の気持ちを歌っている聖子さんの後ろ姿を想像しながら、メロディをつけました。ワルツっぽい仕上がりになったのは、聖子さんの感謝の気持ちがより伝わりやすいかなと考えたからです」

以前に財津をよく知る音楽関係者から、そのメロディセンスのすごさを聞かされたことがある。その評を紹介しよう。

「彼の生み出すメロディは旋律が美しいだけでなく、ふつうとは一味違う魅力的なコードやコード進行に支えられていることが特徴です。しかも、主旋律に加えてコーラスや楽器伴奏などで第二の旋律、場合によっては第三の旋律までもが同時に気持ちよく響くんです。曲の構想力も、クラシック音楽の素養と手法をしっかり備えていて破綻がない。音楽関係者の間では財津さんは優れた作曲家、ソングライターとして高く評価されています」

こう語り、その関係者は財津をこう呼んだ。

「彼はサウンドの鬼です。音楽、作曲へのこだわりで彼を超える人に出会ったことはありません」

「サウンドの鬼」という評を聞いて、私は思わず身じろぎをしてしまった。音楽を職業にしている人々から「鬼」と呼ばれるほど、財津の音楽へのこだわりは強い。その財津とこれから取材を通して向かい合わなくてはならないと考えると、緊張感に身が引き締まる思いだった。

順風満帆な音楽人生に見えたが……

これまでに財津が世に送り出した曲は、一〇〇〇曲近くにもなる。一九八九年に音楽の方向性の違いから、財津はＴＵＬＩＰの解散を決意してソロ活動を始める。その後、ファンの要望もあり、九七年に姫野らとバンドを再結成するサプライズもあった。復活したＴＵＬＩＰのコンサートは各地で盛況が続いた。その後も全国ツアーを不定期だが重ねるなど、現在も根強い人気を誇っており、アーティストとしてその音楽人生は順風満帆に見える。

しかし、財津自身は五〇代後半から、年齢を重ねた現実と徐々に向き合わざるを得なくなったという。

そのひとつが更年期障害だ。ＴＵＬＩＰを再結成し、四度目の全国ツアーを挙行したときには、唇やまぶたが痙攣《けいれん》する、夜も眠れないなどの症状に悩まされることになったという。

「夢中になると、体調のことなど後先考えずに、がむしゃらに突っ走ってしまうところがあるんです」

財津がそう苦笑する。五〇代に突入すると、ふつうの勤め人であれば間近に迫る定年を意識し、徐々に仕事のアクセルを緩めるものだ。しかし、財津はそれをしなかった。いや、コンサートの予定や作曲依頼など、常に大量の仕事を抱えるがゆえにそれが許されなかった。そんな財津が体調にこれまでとは違う異変を感じたのは、二〇一七年のことだった。

大腸がんが判明したのだ。

「いろいろな無理が積み重なっていたんでしょうね。当時は仕事上のプレッシャーがとても大きくて、本当につらい日々を過ごしていました。その無理がいろいろと重なり、あんな大変ながんになってしまったのかな。人の脆《もろ》さを知れたとか、肉体あっての精神だとか、そういうことを学ばされたって感じです」

初めて明かす闘病生活

じつは取材の冒頭で、財津のマネジメント会社の担当者からこう釘《くぎ》を刺されていた。

「がんのことはあまり質問しないでください。本人は、大きな風邪にかかってしまったくらいにしか思っていません。インタビューをしても、きっと思っているような答えは出てこないでしょう」

取材を始めた当初のぴりついた空気もあって、私たちは担当者のアドバイスどおり、直截《ちょくせつ》なことばで財津にがんのことを訊ねることは避けてきた。ただ、今回の「ザ・ヒューマン」を制作する上で、このテーマは避けて通れないと感じた私はある日、意を決して聞いてみることにした。

――取材を始めたときは、「財津本人は大きな風邪を引いたくらいにしか思っていない」と担当者から言われたんですけど、本当にその程度のことだったんですか?

この質問に対する財津の答えは意外なものだった。

「いや、本当は覚悟をしていました。ステージが3・5だって言われたんです。よくステージ4は致命的と言われるでしょ。それで医師の診断は、その一歩手前の3・5。がん細胞が浸潤し、あとちょっとで腸壁が破れるところだった。4っていうのは、もう致命的なところですよね。でも3・5。あとちょっとで腸壁が破れるところにきてた。ぎりぎりだったんです。ある程度の覚悟は、せざるを得ませんでした」

初めて明かしてくれたがんとの闘病生活。周囲の説明とは違い、財津は自身の病状をかなり深刻に受けとめていたということを知り、私は驚いてしまった。その苦しさは治療中だけでなく、退院後も続いていたという。

「治療も大変でしたが、退院した後のほうがつらいんです。なにしろ、再発防止のためにずっと薬を飲み続けないといけない。その副作用で味覚や嗅覚がなくなり、食欲がまったく出ない。それでも体のためにと無理に食べると、まるでつわりの症状のようにウーってって戻しそうになる。世の中には美味《おい》しいものがごまんとあるのに、食べたいと思えるものがほとんどないんです。いまはそんな症状も改善し、食べられることの幸せを実感していますす。がんを患う前と後とでは、生きることの意味合いが僕の中で大きく変わったと思っています」

取材者は無神経に何でも聞くというイメージがあると、マスコミ関係者以外の人々から言われることがある。しかし、私たちも人間だ。取材対象が年長者の場合は当然緊張もするし、ぶしつけな質問をしてよいものかと悩むこともしばしばだ。財津に対しても、私たちは慎重にことばを選びながら質問をした。

ただ、財津はそれ以上に私たちに気を遣っているようだった。がんとの闘病など、答えにくい質問にも真摯に、時にはことばを絞り出すように答えてくれた。過去のつらい気持ちを思い出させてしまい、いまでも申し訳ないという気持ちで一杯だ。

がんを乗り越え、挑んだリベンジツアー

大腸がんが発覚しておよそ一〇ヵ月後の二〇一八年四月、財津は治療の甲斐《かい》あってソロツアーを始めた。同時に中止になっていたＴＵＬＩＰの全国ツアーを再開させる準備もスタートした。

同年一一月にＮＨＫで放送した「おはよう日本」の特集では、一〇月に都内で行われたＴＵＬＩＰのコンサートを取材したが、じつはリベンジツアーは一ヵ月前の九月に初日を迎えている。カメラを入れての取材は許可されなかったが、私はその舞台に立ち会うこと

ができた。

財津が元気な姿でステージに戻ってきたとあって、リベンジツアーは開場前から大行列だった。残暑も厳しかったが、それ以上に観客で埋め尽くされた会場の熱気がすごかったことを記憶している。

財津がステージに登場すると、客席から「おかえりなさい!」「待ってました!」と悲鳴にも近い歓声が上がった。オープニング曲は「WELCOME TO MY HOUSE」。八月に都内のリハーサルスタジオで取材したときには、「ネタバレになるからいまは言わない」と、財津が最後までそのタイトルを明かしてくれなかった曲だ。TULIP一三枚目のシングル曲。発売は一九七七年一一月。シングル唯一の全篇《ぜんぺん》英語の歌詞の曲で、音楽関係者からはもっともビートルズの影響が強いと指摘されている曲だ。復活コンサートのセットリストの一番目にこの曲を選んだ理由を、財津がこう語る。

「まずはタイトルですね。『WELCOME TO MY HOUSE』。久々に再会するファンを歓迎する呼びかけのようで、いかにも一曲目にふさわしいでしょ? しかもノリのよい弾けた曲なんで、オープニングはこれでいこうと決めたんです。この曲を一発目に演って、T

リベンジツアー。2018年10月

ＵＬＩＰのメンバーもみんなジジイになっちゃったけど、まだまだ元気いっぱいというところを見せたいと思っています」

財津の狙いどおり、オープニング曲が始まると、客席はいきなり総立ち状態になってしまった。そのほとんどは年配のファンだ。三〇代の私にとって、親のような世代が頰を赤らめ、立ったまま手拍子で熱狂するさまはただただ壮観だった。

財津は休憩を挟みながら、三時間もステージに立ち続けた。「心の旅」「青春の影」「虹とスニーカーの頃」など、往年のヒット曲が次々と繰り出される。二度目のアンコールはデビュー曲の「魔法の黄色い靴」だった。黄色いＴシャツに着替えた財津がステージからマイクを観客席に向けると、客席を揺るがすような大合唱が始まった。会場にいるすべての人が青春時代にタイムスリップしているかのようだ。

　後になって財津に、リベンジツアーの手ごたえを聞いてみた。

「だれでも青春時代に戻りたい。もし、もう一度人生をやり直せるなら、『あの時代に戻りたい』と思うものなんです。音楽はその願いを果たしてくれる一種のタイムマシーンのようなものかもしれません。だとしたら、おこがましい言い方になるかもしれませんが、音楽をやる者にとってこれほどうれしいことはありません」

　ただし、財津自身はタイムスリップを楽しめずにいるという。

「昔好きだった曲を聞いて、青春時代や原点の場所に一瞬でタイムスリップできるなんて、音楽の持つ力は本当にすごいと痛感します。ただ、僕自身はなかなかそのタイムスリップ感を楽しめずにいます。だって、ほら、こっちはそのタイムスリップのきっかけとなる歌を歌う側なんです。うまく歌えているかな、演奏はまちがっていないかな、そんなことばかりが気になって他人の曲を懐かしがったり、タイムスリップして楽しむような余裕がない。そこだけはちょっと残念です」

特別な思いを抱くコンサートも

その後も、復活後の財津の姿を追いかけた。なにしろ、財津は開演の四時間前には会場入りし、準備に余念がない。ただ、その頃にはいくらか、余裕も生まれていたのだろう。リベンジツアーの初日には楽屋入りも許されなかったのに、その後のツアー会場では開演前にもかかわらず、楽屋などでインタビューに応じてくれるようにもなっていた。私たち取材クルーも厳しかった財津の表情が、日に日にやわらかくなっているという印象を受けていた。

リベンジツアーの一番の山場が、一〇月に開催される東京での公演だった。会場の東京国際フォーラムはかなりの大箱で、いつにも増して大勢のファンが訪れることが予想されていた。財津の周囲からは「今日のコンサートに財津は並々ならぬ思いがあるようだ」とも聞かされていた。そのため、私たちはその一挙手一投足を逃すまいと、カメラ三台体制で取材に臨むこととなった。財津が言う。

「久しぶりの東京でのコンサートです。去年、がんのために途中で挫折し、ファンにも迷惑をかけちゃったんで、今日はそれを取り戻すつもりで歌おうと思っています」

——何か、特別な演出プランでもあるんですか？

「とくにはありません。でも、客席のファンがいっしょに歌ってくれたり、我を忘れて盛りあがってくれるようなシーンを作れたらと願っています」

——ここまでコンサートをこなしてきましたが、体調に不安はありませんか？

「ツアーは始まったばかりで、まだまだ先が長いだけに、不安がないと言えばウソになります。でも、いまのところは大過なくこなせているので、大丈夫でしょう」

どうやら、本人の中では自信と不安が交錯しているようだった。復活したことへの喜びだけではないという複雑な思いを抱えながらのコンサートなのだろう。その背負うものの大きさを感じざるを得なかった。

この日のコンサートでもおよそ三〇曲を歌いきった財津。会場はスタンディングオベーションで大変な盛りあがりだったが、最後は声を絞り出すように歌っていたのが、気になっていた。終演後、財津はメンバーとともに楽屋前で関係者向けに特別にスピーチを行った。

宮城伸一郎
「どうも、宮城です。この忙しいなか、ありがとうございました。私が一番若いとはいえ、もうすぐ六三歳になります。なので、長丁場のツアーに本当に体力が持つのかと不安で、毎日スクワットをして鍛えています。ツアーが終わるまでがんばりますので、どうぞよろしくお願いします。今日はありがとうございました」

姫野達也
「二番目に若い姫野です（笑）。今日はどうもありがとうございました。みなさんにはご心配かけましたが、財津もこうして無事生還しまして、またいっしょにステージに立てることがすごくうれしいです。財津にはまだまだ元気でがんばってもらわなければと思っています」

上田雅利

「毎日ランニングをして、ステージに臨んでいます。『まだやってんのかよ？』とよく言われますが、こうして鍛えておかないと持たないぞと自己暗示をかけるつもりで走っています。今日は東京のこんな大きなホールでやれてうれしかったです」

三人のコメントが終わり、トリの財津があいさつを締めくくる。

「どうも、四番目に若い財津です（笑）。今日はよくいらっしゃいました。お忙しいなか、わざわざ来ていただいて感謝申しあげます。ありがとうございます。こうやって、TULIPが続けられるということが、僕らメンバーにとっては最高の幸せです。TULIPを忘れずにこうして来てくださること、それが支えになってツアーを続けることができているんだと、僕ら四人、確信しています。またどこかで機会がございましたら、見に来ていただければ。今日は本当にありがとうございました」

これで終わりとだれもが思ったとき、財津がさらに短くこう付け加えた。

「最後に。東京はいつも緊張します」

そのひと言にあたりから爆笑が巻き起こった。財津は肩の荷が少し下りたのか、やわらかな笑みを見せながら、楽屋へと引きあげていった。あらためて楽屋で、いまの心境をインタビューさせてもらった。

――コンサートを終えていかがでした?

「いやあ、東京は昔の身近な関係者が来るんで、やっぱり緊張しますね」

――コンサートの当初、がんばろうという気持ちと本当にやれるのかという不安が半々と言っていましたが、いまはどうですか?

「この会場は大きくて観客も多いので、今日のコンサートを無事に乗り切ったら、ツアーも一段落だなという気持ちがありました。だから、始まる前は早くコンサートが終わってほしいと思っていました。ただ、二部に入ってから何となく血のめぐりがよくなった(笑)。客席も立ちあがって乗ってくれるんで、そこからは流れるようにスムーズにコンサートが進んだという印象です。いまはホッとしています」

たしかに、この日のコンサートは観客総立ちのすごい盛りあがりで、出色の出来だった。

「今日がツアー最終日だったらいいなと思う一方で、逆に一日一日、その都度コンサートを楽しんでいこうという気持ちがあるのも事実なんです。とくに、今日のファンの総立ちぶりは最高でした。こちらが歌わず、マイクを客席に預けたいほどの迫力でしたから。これこそ、ステージの醍醐味《だいごみ》でしょう。がんを患って先行きがどうなるのかと心配でしたが、こうしてオープニング曲からアンコール曲までを歌いきれたことが何よりもうれしい。いまは年をとって体力が落ちた僕ら四人が、どこまでコンサートをやりきれるのか。そこをもう一度楽しみたいですね」

――ファンにどんな姿を見せたいですか？

「痴態だけは見せたくない。それだけです。よいパフォーマンスを披露したくても、肉体がなかなかついてこないこともありますから。あれ、財津の演奏ぶりがちょっと変だぞと思っても、目をつぶって耳をふさいでもらって、よくやったねと言っていただけるとうれしいです」

疲れは隠せないものの、そう語る財津の表情はとても清々《すがすが》しかった。私たちが実際にTULIPの全国ツアーを取材できたのはこの日が最後だったが、財津はその後も疾走を続け、二〇一九年七月のラストコンサートまで、見事に完走した。

「もうできなくなってもいいかな」

コンサート取材と並行して、二〇一八年九月にロングインタビューも行った。財津が以前によく使用していたという渋谷区のBunkamuraにあるスタジオでの収録だった。そのインタビューで財津は、私たちが驚くようなことばを発した。がんになってからというもの「もう（音楽活動を）できなくなってもいいかな」というセリフが胸中に去来していたというのだ。

「ひと言で言えば、ずいぶんと長い間、ステージに立って歌うという仕事をやってきたので、もうできなくなってもいいのかなという気持ちというか、開き直ったような気持ちを抱いていました」

この財津の発言は「ザ・ヒューマン」でも何度も繰り返し登場している。それくらい、制作側の私たちにとっても衝撃的なセリフだった。このときのインタビュー内容をもう少し紹介しよう。

「全然違うんです。ピークが一〇〇とすれば、いまはもう三〇～四〇くらいじゃないですか？　時々若い頃の音源を聞くことがあるんですけど、こんなに声が出ていたんだ、こんなにうまく歌えていたんだ、と愕然《がくぜん》とします。それでもステージに立とうともがく自分を愛おしいと思うこともありますけど、本当のところはうまく歌えなくなった自分が嫌で嫌でたまんないんです」

今回の取材を通じて感じることがある。それは財津がふたつの自分の間で揺れ動いているということだ。ひとつは「アーティストとしてまだまだ歌いたい。まだやれる」という財津、もうひとつは自身の衰えを感じ、引退さえ意識し始めている財津である。

財津の周辺も、財津ががんになる前から曲を作ったり、新しいチャレンジをしようとしたりするような動きはなかったと証言する。とはいえ、きっぱりとアーティスト活動にピリオドを打つと宣言することもない。ことばは悪いが、中途半端な状態だったと言える。

そんな財津に、やがて思わぬ出会いが訪れることになった。

第二章　ふるさとでの出会い——気づいたことばの力

「福岡の空を見たい、風を感じたい」

取材開始から一年あまりが過ぎた頃、私たちは初めて財津とともに福岡へと向かった。財津が活動のベースとなる東京を離れ、ふるさとの福岡に行くことが増えていたからだ。

最初に財津と訪れたのは九州一の歓楽街、中洲《なかす》だった。那珂川《なかがわ》という大きな川が流れており、夜ともなれば中洲のネオンが川面《かわも》に映えて美しい。福岡らしい風景の中を歩く財津の姿を、映像に収めておきたかった。

ただ、中洲は財津にとって特別なロケーションというわけではない。そのため、当初はそこで財津にインタビューをしてもさほどよいことばを引き出すことはできないと考えていた。ところが、いざカメラを回してみると予想外に財津の反応がいい。いきなり、故郷・博多への思いを語り出した。

那珂川にかかる橋の欄干にもたれながら、財津が言う。

「活動の拠点は東京ですけど、やはりふるさとが懐かしい。戻りたいという思いが年々強くなります」

那珂川の橋上に佇む財津

なぜ、いまになって望郷の念が強くなったのだろう？　私の疑問に対する財津の答えはこんなものだった。

「年のせいかな。いわゆる郷愁ってやつですね。だれにとっても、幼い頃の記憶や青春時代の思い出は大切でしょう？　私もそう思うようになったというだけで、特別なことではありません。年を重ねるにつれ、福岡の空を見たいな、風を感じたいなと思うことが増えました」

この日は気温ひと桁台の曇りだった。屋外ロケの条件としては、最悪に近い。それでも財津は、那珂川の景色を愛おしそうに眺め続けていた。

実を言えば、私もその当時、「そろそろ福岡に戻ってもいいかな」と思うことが増えていた。仕事に慣れ、どこにいても自分のやりたいことがある程度できるという自信がついてきていたからだ。結婚して子どもが生まれ、子育ての環境についてあれこれ考えを巡らせるようにもなっていた。そんなこともあって、生活の拠点を福岡に戻すのも悪くないなと考えていたのだ。それだけに、私は財津のひと言ひと言にうなずきながら聞き入っていた。

財津が、郷里の福岡に並々ならぬ思いを抱いているとわかったことは収穫だった。上京の際、一度は「福岡を捨てる」と誓ったからこそ、なおさらふるさとを恋しく感じるのだろう。復活コンサートの様子だけでなく、財津の望郷の念を映像に収めたいと思った。

雑談から始まった作詞講座

ふるさとへの思いから、財津が福岡で始めた仕事がある。それは作詞講座だった。きっかけは福岡市内にある西鉄グランドホテルでのディナーショー。打ち合わせ中の雑談で、財津が過去に市内での作詞講座開催を打診されたものの、大腸がんのために実現しなかった、と明かしたことがあった。すると、しばらくしてホテル側から「うちでぜひ、その実現できなかった作詞講座をやりませんか？」と提案があったのだ。

福岡での仕事を引き受ければ、帰省の機会も増える。財津はふたつ返事でその申し出を引き受けた。二〇一九年六月のことだった。

ただ、なぜ作曲でなく、作詞の講座だったのだろう？　財津といえば、やはりメロディではないのか？　財津に聞いてみた。

「作曲は、ある程度の音楽的知識や技術が必要になる。当然、受講者も限られてきます。その点、作詞はペンと紙さえあれば、だれでも気軽にできますから」

その答えを聞いて、私はさっそく作詞講座の様子を取材したいと財津にお願いした。

それから四ヵ月後の一〇月、私たち取材クルーは作詞講座の会場となる西鉄グランドホテルの最上階ホールにいた。両側の大きな窓から日差しが入り、とても開放的な空間だ。

講座一期目の最終日となるこの日の参加者は、七〇名ほど。当時はまだコロナ流行前とあって、体を揺らすと隣の人と肩がぶつかり合ってしまうのではないかというほど受講者でいっぱいになっていた。

大きな拍手で始まった作詞講座は「講座」という名称とは裏腹に、その中身はいたってシンプルだった。堅苦しい座学があるわけでもない。財津の決めたテーマに合わせて受講

第一期作詞講座にて。2019年10月

者が詞を書き、それを財津が読みあげて寸評するだけ。どうしてもテーマに沿った詞が浮かばないときは、日々のありふれた思いを詞にしてもかまわない。講座というより、財津と参加者が詞という共通言語を介して、ことばのキャッチボールを楽しむような内容だった。

出会ったのは同世代の人生

受講者は五〇代から七〇代の中高年が中心で、それぞれが結婚や就職、出産、子育て、さらには介護など、さまざまな人生を体験している。それまでの受講生とのやりとりを振り返りながら、財津がこう言って目を細める。

「よい詞とは心の底から湧き出てくるものなんです。

上手に書いてやろうと技巧に走ってもなかなかよい詞は書けない。だから、受講生のみなさんには、『技巧は二の次、自分の本心を詞にしてみて』とアドバイスしてきました。結果ですか？　期待以上です。みなさん、この年齢ですからね。とくに、家族やお子さんのことを書いた詞などは、心を動かされました」

たとえば、大学生の息子について五〇代の母親が書いた「お味噌汁《みそしる》」という詞——。

お味噌汁

「お疲れ様」は　なめこのお味噌汁
「頑張れ」は　油あげのお味噌汁
「ありがとう」は　茄子《なす》のお味噌汁
「無理しないで」は　かぼちゃのお味噌汁
「大好き」は　わかめのお味噌汁
母の気持ちを全て飲んできた君

君が初めて作ってくれたお味噌汁は豚汁でした

財津が受講者の前でこの詞を読みあげ、こう寸評した。

「あなたの愛が、私の愛がなんて表現はどこにもありません。だけど、味噌汁を母が作り、息子が作る。そのキャッチボールのような行いから親子の深い情愛を感じ取れる。そこがこの詞のすばらしいところですね」

勉強やクラブ活動に明け暮れていた中高校生の時分は、食事なんて単なるエネルギー補給くらいにしか思っていなかった。そのため、母が日々の献立をどのような心情で準備していたのか、想像を巡らすこともなかった。

そんな私もいまや、結婚をして二歳児の父となった。仕事に明け暮れるのではなく、「この子の親だ」と胸を張って言えるようになりたいと育休を申請したこともある。

親としてはまだ若く、この五〇代の女性の心情を完全に理解できているわけじゃない。でも、年を重ねることでいずれ、同じような心境になるんだろうな——。

ホールの片隅でそんなことを思いながら、私は財津の評を聞いていた。

共感の渦が巻き起こったある女性の詞

もうひとつ、受講者の作品を紹介しよう。財津だけでなく、受講者からも強い共感の渦が巻き起こった詞だ。書いたのは岡山県出身の為田《ためだ》和子さん。認知症の母がいて、五年ほど前から倉敷市内の高齢者施設で過ごしているという。為田さんが言う。

「若い頃から活発な女性で、仕事を辞めてからも健康に人一倍気を遣うなど、老いに立ち向かう姿勢を見せていました。その気丈な母がまさか認知症になるとは思いもしませんでした」

その母への思いを綴《つづ》ったのが「母だった　あなた」というタイトルの詞だ。

母だった　あなた

うちの名前が　わからんの
あなたが付けた　名前でも

うちが誰だか　わからんの
あなたが産んだ　うちやのに

目を閉じて
母だったあなたを思い出す
ギュッと毛布を抱きかかえ
幼き頃にひとり　かえる

（中略）
干しぶどうがいっぱいの蒸しパン
特別な日に作ってくれたばら寿司《ずし》
得意だった　ミシン掛けの音

母だったあなたを思い出し
重ねた枕で涙する

為田さんに詞に込めた思いを聞いてみた。

「本当に、詞に書いたとおりなんです。面会に行っても、私のことがわからない。母には私は娘でなく、妹と思われています。当初はその事実をなかなか受け入れることができず、『どうしてそんなことになってしまったの？』と母を責めるような気持ちしか湧きませんでした。そんな母でもいいと思えるようになったのは、最近のことです」

為田さんが母のことを書こうと思い立ったのは、講座での財津のことばがきっかけだったという。

「詩なんてほとんど書いたことがない。まして、歌詞を書くなんてことは、本当に初めての体験でした。何を書こうかとあれこれ迷っているときに、財津さんから『上手に書こうとせずに、自分の心の奥底にあるものを吐き出すつもりで書きなさい』と教えられた。そのことばが、とても印象に残っていて、五〇歳を過ぎた自分の心の奥底にあるものは何だろうと自問自答した結果、それは母だと気づいたんです」

為田さんは若い頃から母と衝突することが多く、一時は疎遠になったこともあったらしい。

「だけど、書きたいことは母のことでした。疎遠になったり、私のことがわからなくなったりしても、やっぱり母のことが大好きなんだと気づいたんです。財津さんは、そんな自分を発見する機会を与えてくれました。作詞講座は五〇歳を過ぎた自分にとって、残りの人生を生きていく上で本当に大切なものは何なのかを考える時間でもありました」

消え入りそうな声で話す間、為田さんはずっと下を向いていた。

「すみません。普段の暮らしの中で、他の人に内心をあけすけに語ることなんてなかったものですから」

ただ、作詞ならば、心の底にある気持ちと向き合い、それをことばにして出せるといまは感じているという。

講座の風景に戻ろう。寸評を終えると、財津は受講者の何人かにこの詞の感想を求めた。するとひとりの女性が上気した顔でこう答えた。

「自分の母を思い出してしまいました。幼い頃、自分を守ってくれた母が認知症になり、娘の顔もわからなくなってしまったと聞くだけで、ものすごく伝わるものがありました」

財津から感想を促されても感極まったのか、何も答えられない受講者もいた。

受講者の間に静かに共感の輪が広がる様子を見て、財津も刺激を受けているようだった。

講座終了後の財津は饒舌《じょうぜつ》だった。

「もうね、生きてきた人生そのものですよ。作りものでない人生が丸ごと、読み手にリアルにガーッと押し寄せてくる。普段なら作詞なんてしないような人たちが詞を書くことで次の一歩を踏み出そうとしている。そのドキュメント感がすごいですよね」

そう語る財津自身もまた、次の一歩を踏み出せるという予感があったようだ。財津がその手ごたえをこう続ける。

「狭い世界で細かいものを見つめて生きる。自分で言うのもおかしな話ですけど、僕はそんな生き方をしてもさほど苦じゃない、わりと平気なタイプです。ただ、そんな生き方は孤独を招いてしまう。とくに若い頃はまだしも、この年になるとその孤独が堪《こた》える。さみしくなってしまうんですよ。でもね、作詞講座でみなさんの詞に触れているうちに、年を重ねてさみしいのは僕だけじゃない。みんな、何かしらのさみしさを抱えていることに気づかされました。そう考えると、僕だけが孤独と考える必要はないんじゃないか。これからの余生、孤独でなくなるっていうよい予感がしています」

ことばにすることで「前を向きたい」

為田さんとともに、私たちが注目した受講生がいる。大阪在住の奥口美樹さんだ。小柄で「大阪のオバチャン」的なノリのパワフルな人だが、数年前に脳腫瘍を患ったという。
その奥口さんの書く詞を財津が気に入った。
たとえば、こんな詞——。

ブルドッグに中ライス（抜粋）

ふたりで焼肉行ったらば
いつも私だけ　すぐご飯も頼むの
ビールにご飯？　ビックリされるけど
「だってお肉には白飯やん！」って

中ライス頼んだら　店員さん、
すかさず　彼の前に置くもんだから
「普通はそう思うよね」って
2人で　目を合わせて大笑い。
(中略)
一緒のごはんは　美味しいね
一緒にいると　楽しいね
あなたといると　わたし
あぁ、生きてるって　実感できるの

奥口さんが「ブルドッグ」や「中ライス」とあだ名をつけられたことを詞にしたものだ。奥口さんの左耳は、病気の影響でほとんど聞こえない。体調が優れないときは、耳から出血することもしばしばだ。主治医からは「近い将来、ものが飲みこめなくなるかも」と言われている。

大好きな食事ができなくなるかもしれない。この詞の背景にあるのは、そんな奥口さんの不安感だ。ところが、選んだことばに後ろ向きなものはなく、そのトーンは底抜けに明るい。作詞の狙いを奥口さんがこう話す。

「不安だと嘆いても何も変わらない。だったら、不安感よりも自分が感動できることに照準を合わせて生きるほうが得。だから、詞にも自分の病気を嘆いたり、つらいとかの泣き言は一切入れず、生きる喜び、食べる喜びを誇張せずに書いたんです」

この詞で目を惹くのは、最後の四行だ。ありふれた食事シーンが突然、「生きる実感」へと飛翔《ひしょう》する。難病を抱える奥口さんだからこそ、何気ない日常の大切さ、ありがたさが身に染みるのだろう。財津もこう褒める。

「『一緒のごはんは　美味しいね／一緒にいると　楽しいね／あなたといると　わたし／あぁ、生きてるって　実感できるの』というこの四行がすばらしい。ありふれた表現ばかりなんですけど、こうして最後に出てくるから当たり前の日常にすばらしい感動が潜んでいるんだよと教えてくれるんです」

奥口さんの思いは財津をはじめ、他の受講者にも届いているように感じた。

自分を変えるつもりでペンと紙を持ちなさい

財津が参加者から受け取ったさまざまな詞、そしてそこに込められたエピソードを綴ってきたが、財津もさまざまなことばを受講者にプレゼントしていた。たとえば、こんな印象的なことばがある。

「自分を変えるつもりでペンと紙を持ちなさい。新しい自分が新しいものを書くのです」

詞を書くことに新たな意味を与えるこのことばを、財津はどんな思いで語ったのか、聞いてみた。

「社会の中で、ほとんどの人は自分を圧《お》し殺しながら生きています。そんな状況では、自分の内心をさらけ出すのは難しい。でも、そんな日常を離れ、自分の言いたいことを吐露しないと詞は書けません。つまり、詞を書くためには根こそぎ自分を変えるしかないんです」

ただし、悲壮になる必要はないと財津は言う。

「だからといって、作詞のために受講者のみなさんの人生を変えろなんておこがましいことを言うつもりはありません。楽しんでもらえればそれでいい。自分を変えて詞を書くことで、これまでの人生を見つめ直したり、心の奥に眠る正直な気持ちに気づけたりしたら楽しいじゃないですか。詞はそのための道具くらいに思えばいいんじゃないでしょうか？」

財津のある気づき

ここまで三人の受講者の詞を紹介してきた。もちろん、この三篇以外にも大切な家族との別れや新たな旅立ち、病気との闘いなど、年齢を重ねてきた人々だからこそ書ける詞がたくさんあった。

そんな受講生の紡ぐ多彩な詞に、ある共通点があることに気づいた——。

作詞講座を始めて三ヵ月ほど過ぎた頃、財津がインタビューで突然、そう言い出した。

「自分を励まそうとしている詞が多いんですよ。それも普段は口にしない、心の奥底にしまってあるようなことばづかいで。年をとってしまって、いまさら人生をやり直せない。だかといって前に進もうとしても、若い頃と比べるとその歩幅はとても小さく、短い。だからこそ、自分で自分を励まそうとしているんじゃないでしょうか?」

正直に言うと、三〇代の私には財津から、「自分で自分を励ます」というフレーズを聞かされてもピンと来なかった。齢《よわい》を重ね、生死にかかわる大病をした財津が受講者と自分の人生を重ね合わせたからこそ、気づけるフレーズだったのだろう。そして、その気づきが財津のその後の音楽人生に大きな影響を与えることになる。

第三章　新たな挑戦——一〇年ぶりの新曲作り

一〇年ぶりの新曲——音楽人生初めての挑戦

二〇一九年秋、財津のマネージャーから連絡が入った。

「財津が久しぶりに新曲を作ると言い始めました」

その声は心なしか、上ずっているかのようだった。無理もない。財津はこの数年間に新曲を数曲発表しているが、いずれもファンクラブ向けの限定リリースだ。一般リスナーに向けて全国発売するような正式な新曲は、もう一〇年間も作っていない。マネージャーが興奮するのは当然だ。

二〇一八年九月に渋谷Bunkamuraのスタジオで行ったインタビューで、財津が私たちに「(音楽活動を)できなくなってもいいかな」と語ったことは第一章でお伝えした。「引退」の二文字がちらつくなかで、多大なエネルギーが要求される新曲作りに長い間、財津が二の足を踏んでいたことは十分に想像がつく。

ところが一転、引退どころか、新曲の制作を決意したというのだ。その意味するところは現役続行である。しかも、マネージャーによれば、財津はこれまでとはまったく違うやり方で、新曲を作るつもりでいるという。いったい、財津の心境にどんな変化が起きたのか？　私たちはさっそく取材に取りかかった。

そのロケ初日、これまでとは違うやり方で新曲を作るとはどういうことなのか、財津に質問をしてみた。

「今回は、ちょっとメッセージ色の強い歌を作ってみようということ。じつは、これまでそんな曲を作った記憶がないんです。結果的にメッセージ性が出てしまったという歌は何曲かあるんですが、最初からメッセージソングを作ろうとしたことは一度もありません」

そのことばは私たちを驚かせた。これまで一〇〇近い曲を手がけてきた財津が、一度もメッセージ的な歌を作ろうと考えたことがなかったというのはにわかに信じ難かった。

当惑する私たちを見て、説明が足りなかったと感じたのか、財津がさらにこう付け足した。

「僕ごときがみなさんにメッセージなんておこがましいと、若い頃からずっと思っていたんです。だって、気分どころか、価値観ですら毎日のようにクルクルと変わる。昨日言っていたことと今日言っていることが、真逆だったりすることも珍しくない。そんなフラフラした人間が、歌を通じてとはいえ、メッセージをファンに発信する資格なんてあるわけがない。だから、意図的にメッセージ色の強い曲は避けてきたんです」

その説明を聞いて、財津のあることばを思い出した。財津はファンに向け、「みなさんにはメッセージでなく、白い画用紙だけをお渡ししています」とよく語っていた。

「あれは一種のごまかしです（笑）。歌をまっさらな画用紙にたとえて、『そこに何か色を足したり、メッセージを盛りこんだりするのは僕らの役目じゃない。僕らができることは、みなさんに歌という真っ白な画用紙を届けること。あとはその曲をみなさんが聞いて、思いのたけを自由に書きこんでほしい』と言っていました。もともとＴＵＬＩＰは音がすべての音楽至上主義というか、社会的な問題意識に少々欠けるバンドだったので、そんな言い方でごまかしていたんです」

いつもは謙遜気味に私たちの質問に答える財津だが、その日の口調は妙に熱っぽかった。一時は新曲作りはおろか、音楽活動への意欲も失いかけていた。その財津が一〇年ぶりに新曲を書きたいと高揚している。

財津がすでに七〇歳を超えていることを考えれば、世に送り出せる新曲の数は限られるだろう。

これはとても貴重な取材になる――。

私はそう直感し、財津の言動をしっかりと記録に残そうと心に決めた。

新曲作りの背景にあった〝つながりを求める〟行為

財津が新曲を作るにあたり、懸命に探し求めているものがあることに気づいたのはその後まもなくのことだ。それはだれかと「つながる」ことだった。その思いを本人の口から聞いたのは、福岡市内にある思い出の場所・須崎公園の一角だった。

「人がそれまでの人生で積みあげてきたものには、それなりの理由やよさがあると思うんです。僕の場合、その積みあげたものが何なのか、うまく言えなくて悶々《もんもん》としているところがあるんですけど、もしあるとしたらそれは、多くの老若男女に受け入れてもらえる曲作りや歌い方をある程度知っているということではないかと思っています」

そこまで一気に話すと、大きな声で財津が笑った。どちらかというと笑うことの少ない財津が、ここまで大笑するのは珍しい。照れなのか、それとも本心からの笑いなのか、私には判然としなかった。

「ただね、だからといって次の新曲をどんな歌にすればよいのか、まだわかっていないし、ひょっとしたら、ずっとわからないかもしれません。多くの人に支持される歌の作り方を多少は知っているということも、本人がそう思っているだけで本当はわかっていないのかもしれないし。だから、無駄なあがきをせずに日向《ひなた》ぼっこでもしていよう、いまさら、多くの人に受けるような曲を書こうなんて、そんな労働のような作業をすることもないなと感じています。今日はぺらぺらしゃべりますけど（笑）」

取材で接する財津は物静かで、口数も多いほうではない。ここまで饒舌な財津を見るのは初めてだった。気がつくと、私は財津の話に深く引きこまれていた。その気配を感じ取ったのだろうか。財津がそれまでの陽気な口調を一変させ、真剣で、それでいてさみしそうな表情でこう切り出した。

「つながっていないと、さみしいんですよ。自分はどうして音楽をやっているのかなと自問自答するんですけど、やっぱりだれかとつながっていたいから歌を歌っているんです。それもできるだけたくさんの人と。でも、僕の性格からしてたくさんの人とつながるのは難しいということはよくわかっている。だから、ひとりでもふたりでもいい。とにかく人とつながりながら、自分の特性を活《い》かせるような仕事を続けたいんです」

新曲は、聴く人に届けたい曲であると同時に、自分のこれからの人生のために書き下ろしたい曲でもあるという意味なのだろうか？　だとすれば、新曲の制作は単純な曲作りにとどまらないものになる予感がした。

メロディでなく、詞を先に

音楽業界に詞先という言い回しがある。曲を作るにあたり、先に詞を作っておき、そのことばにメロディをつける手法のことだ。メロディ先行か、詞先行かは作り手のタイプによる。財津はメロディ先行型のアーティストだ。

「音の響きが好きで、詞はいらないと考えてきました。なにしろ、最初に触れた音楽が洋楽でしたから。歌詞の意味をろくすっぽ理解しないまま、そのサウンドに夢中だったんです。だから、自分で作る曲も歌詞なんて二の次。音さえ美しければそれでいいと思っていた。これまでの音楽人生を振り返るにつけ、僕は詞というものをないがしろにしてきたという気がしていますす」

その財津が、今回の新曲作りでは詞先に挑戦するという。マネージャーが、「これまでとは違うやり方の新曲作りになる」と言ったのはメッセージソング作りだけでなく、この詞先へのチャレンジも含まれている。

財津が詞先にこだわったのは、作詞講座を通じてことばの持つ力の大きさを実感したことが大きいようだ。

「詞はメロディよりも直球ですからね。聞き手に曲のメッセージが伝わっているかどうか、インスツルメンツに比べるとずっと確認しやすい。だから、メッセージ色の強い曲を作るにあたり、今回はメロディ先行でなく、詞先でいこうと決めたんです」

ただし、詞先の曲作りはたやすくないと財津は言う。

「歌に乗せることばって日常会話でもないし、文章でもない。かなり独特のものなんです。たとえば、いいフレーズが浮かんでもそれを音符に乗せてみると違う意味に聞こえたり、意味不明なことばの羅列に聞こえたりすることもしばしばです。メロディにぴったりこない歌詞はいくら魅力的なフレーズでも聞き手にうまく伝わりません」

それを聞いて雑談の席で財津と交わした話を思い出してしまった。TULIP七枚目のシングルとなる『ぼくがつくった愛のうた（いとしのＥｍｉｌｙ）』のことに話が及んだときのことだ。財津が、私にこう説明してくれたのだ。

「この歌に『幼い頃のオモチャの箱に／そっとしまってしまいなさい』というフレーズがあるでしょ？　『しまってしまいなさい』という言い方は厳密にはおかしい。でも、『あと一文字、二文字余裕があれば、詞がうまくメロディに乗るのに』と曲作りに呻吟《しんぎん》している身からすれば、あそこは『しまってしまいなさい』としたほうがメロディにうまく乗って面白い響きになるんです。韻も踏んだようにも聞こえますしね」

財津から「曲作りはメロディと詞の突き合わせの果てない繰り返し」と聞かされ、妙に感心したことをいまも記憶している。

メロディ先行の曲作りでも、これだけの苦行を強いられるのだ。ましてや、詞先曲ともなれば、その難しさはなおさらだろう。財津はメロディ先行の曲を「耳に心地よいＢＧＭ」、詞先の曲を「土足でずかずかと他人の部屋に踏み入る行為」にたとえ、その難しさを比較する。

「メロディだけの曲を嫌いという人があまりいないように、メロディ先行の曲もＢＧＭのように受け入れてもらえる。でも、そこに存在感のある歌詞が割って入ってくると耳障りになりかねない。歌詞の内容によっては、『そんな歌詞、オレの耳のそばで歌うなよ』となる。だから、詞先の歌は土足で人の部屋に入ってくるような曲になることがあるんです。今回の新曲では聴く人に、『土足ではない。すばらしい入り方だったね』と褒めてもらえるようなことば選びにチャレンジしたい。それがうまくできれば、大きな喜びになると思っています」

財津が詞先で新曲を作ろうと思いついた背景には、作詞講座の参加者との交流もあったようだ。

「受講者のみなさんとやりとりしていると、自分では気づけなかったものをたくさんもらえるんです。それが新曲の詞作りのヒントになるかもと期待しています。具体的なことばや表現はもちろんですが、何より貴重だなと思うのは受講者の『気』なんです。作詞について対話していると、受講者と僕の間に『気』が流れる。それを感じたときにはこちらも血湧き肉躍るような感覚になり、次々と新しいことばが湧いてくるんです」

一時は、「曲作りのことなんて考えられない」と弱音を吐いていた財津の姿は、そこにはもうなかった。それほどまでに、作詞講座は財津の音楽人生に影響を与えているのだとあらためて感じた。

新曲にかける思いの強さ

ただ、そんな財津の意気込みとは裏腹に、新曲の詞作りは遅々として進まなかった。新曲作りの取材初日、冒頭の一時間だけという約束で私たちは財津にカメラを向けることが許された。得てして、こういう取材はいかにも制作しているというポーズを頭撮り（初めの数分を撮ること）して終わりということが多い。それは当然のことだ。新曲作りという真剣勝負の場に取材クルーがいることは、制作者の邪魔にしかならない。

この日の取材もきっとそうなるだろう。そう予想しながら指定の場所に向かうと、何やら雰囲気が違う。制作風景の頭撮りどころか、財津はいきなりやる気モード全開で作曲に取りかかったのだ。ボールペンを手にまっさらな紙に向かう財津の表情は本気だった。

ところが、いつまで経《た》っても一文字も書き出せない。うんうんと唸《うな》りながら、頭を抱えている。カメラを回し始めて三〇分ほどが過ぎた頃には、ついに「本当に悩んできた」と天を仰いでしまった。取材時間が限られていることもあり、ついついこんな質問をしてしまった。

――そんなに難しいものなんですか？

「難しい。ひと言で言うと、本当に難しいです……」

つぶやくようにそう答えると、またまっさらな紙に向かい、うんうんと唸り始める。多くの曲を世に送り出してきた財津でも、新しいことにチャレンジすると、ここまで苦しむのかと実感した。ただ、財津の表情は意外にも明るい。この難業をどこか、楽しんでいるようでもあった。財津が続ける。

「若い頃は自己満足で曲を作っていました。曲ができるとうれしくて朝まで眠れないとか、録音して悦に入るとかね。とくに三枚目のシングルの『心の旅』がヒットした以降の曲はほぼ自己満足といってもかまわない。ただ、いまでは自己満足ではやっぱりダメなんだなあと思います。自分だけの狭い世界で完結するのでなく、もっと広い世界に伝わっていくような力のある曲を作らないといけませんね」

それから三ヵ月後、私たちはふたたび曲作りの現場に入ることが許された。

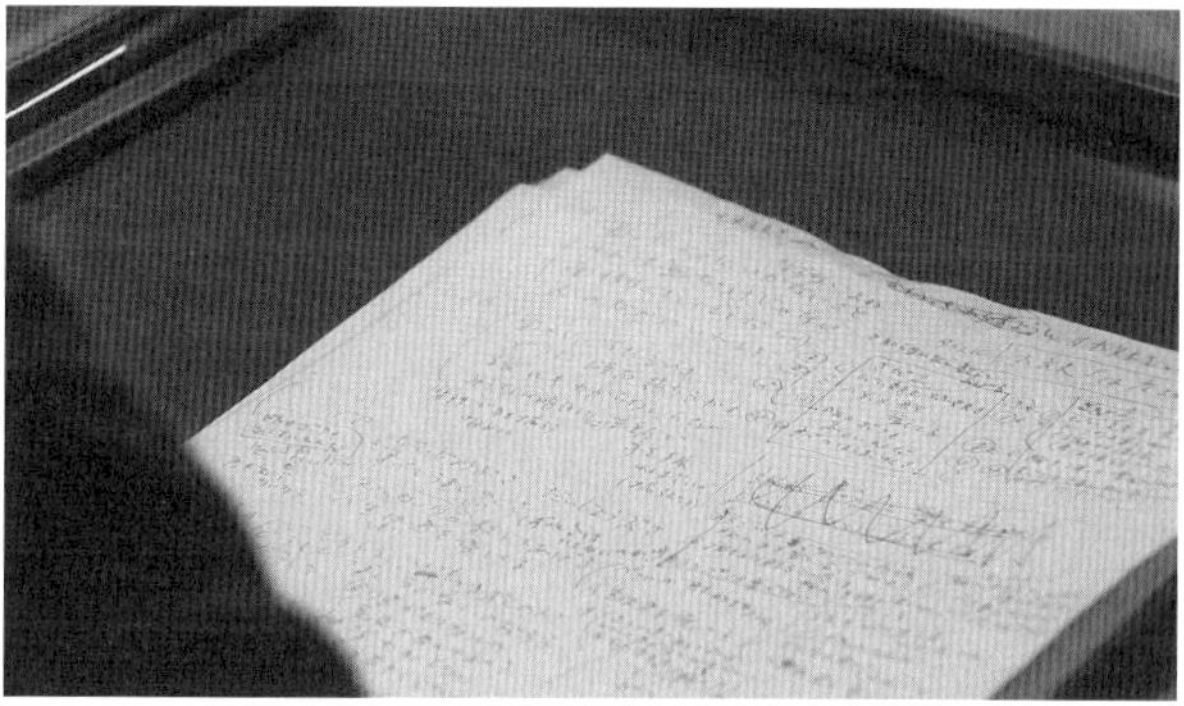

びっしりと書きこまれたA4用紙

カメラの前で、黒い革製のブリーフケースから財津がA4用紙とペンを取り出す風景は、前回と変わらない。

ところが、今回はそのA4用紙が一変していた。びっしりとことばが書きこまれ、余白がまったくない。歌詞のようにブロックになっている書きこみもあれば、「ペットが君を好きなように」「ランプは要らない」など、一見、何を意味しているのかわからないフレーズも見える。

——すごいことばの数ですね。

「格闘しています。もう着地点が見えないほどです。求める水準が欲張りすぎているのかもしれませんけど、やっぱり満足できるものにしたいんで。音にマッチングすることば、韻をちゃんと踏めることばを見つけたいんですが、いかんせん、僕の語彙が不足してなかなか見つかりません。やっと見つかったと思ってもやっぱりダメ。それで一八〇度逆の発想で別のことばを見つけてもやっぱりダメ。そんなことを延々と繰り返しています」

そう語る間、財津は書きこみで黒くなった紙に目を落とし、こちらを向こうとしない。復活コンサートに挑む前の不安な表情とはまた違う、どことなく自信なさげな面持ちだ。作詞開始から三ヵ月が経ったいまも、納得できることば選びができていないことは明らかだった。

「どちらかというと、新曲の詞は整然としたものにしたい。でも、そうすると選べることばがすごく狭くなってしまって、これだと思えるようなよいフレーズが出てこないんです。同じ内容でも新しいことば遣いとか、だれもが『これは面白いな』と驚くようなトリッキーなことばがほしい。だけど、浮かんでくるのは僕の中で使い古されたことばかりで、『新しいことばを捻《ひね》り出してみろよ』と自分自身に吠《ほ》えてはいるんですけど、うまくいきません。若い頃ならね、もっとてきぱきとことばを選べたんだろうけど、ちょっと気負いすぎて空回りしているのかもしれません」

紙とペンを前に呻吟する

気負いが大きいというのは、新曲にかける思いがそこまで強いということなのだろうか？　その問いに財津が答えた。

「だって、今回の新曲はダメだったんで、次回にまたがんばりますとはもう言えない年じゃないですか。若ければそんな言い訳も通用するでしょうけど、僕の場合はもう後がない。これが最後の曲になってもおかしくない年齢なんです。だから、その分気負いも大きくなってしまうんでしょうね」

マネージャーから財津が新曲を作ると聞かされたとき、これが最後の曲になるかもしれないと案じたものだが、財津もまた同じ懸念を抱いていたのだ。

導き出された魔法のことば

Ａ４用紙を埋め尽くすことばの中に、財津が特別な思いを持つキーワードがある。ひらがなで書かれた「だいじょうぶさ」ということばだった。こだわりの理由を財津がこう説明する。

「健康で大切な人といっしょに笑っていられる。人生にはいろいろなことがありますけど、結局はそれが一番の幸せなんですよ。だから、そうなるための『魔法のことば』はないかなと探してたどりついたのが、『だいじょうぶさ』のひと言でした。『そのひと言さえあれば、人は何とか生きていけるかな』と、このことばをキーワードに作詞をスタートさせることにしました」

魔法のことばが「だいじょうぶさ」とは――。正直に言えば、そのあまりのシンプルさに私たち取材クルーは拍子抜けする思いだった。とはいえ、財津が三ヵ月も悩みぬいた末にたどりついたキーワードである。何かしら、深い意味があるに違いないと、その真意を聞いてみた。

「『蜘蛛《くも》の糸』ですよ。苦しみから抜け出すのは簡単ではない。だからこそ、人には励ましのことばが必要なんだけど、ありきたりのことばでは救われない気がしません？　何か、立ち直るきっかけとなるようなもの、たとえば『蜘蛛の糸』のような手がかりがないと上に這《は》いあがっていけない。それが僕にとっては、『だいじょうぶさ』というシンプルなことばだったんです」

「だいじょうぶさ」ということばは、がんとの闘いで、とかくふさぎがちになってしまう財津を支える魔法のことばでもあったという。

「闘病後、『大丈夫だったんだ』と思ったことをいまも鮮明に覚えています。ですから、大丈夫ということばは僕にとって魔法のことばでもあるんです。目的に向かってがんばらない人はいませんよね。でも、いくらがんばっても病気が治らなかったり、仕事で成果が出なかったりすることなんてざらにある話じゃないですか。そんな人にがんばれと言っても、エールを送られたほうは、『何をいまさら』と思ってしまう。でも、『だいじょうぶさ』だったら叱咤するだけでなく、『成果がなくてもかまわないよ』と包みこむような語感も感じられる。そんな響きがするところも気に入っています」

財津を追い続けて一年あまり。大腸がんのことはあまり触れないようにと関係者から言われていたこともあって、病気に関する質問は控えてきたし、財津も闘病中の心中を滅多に口にすることはなかった。

ところが、新曲作りが始まると、財津は進んで病気のことを語るようになった。大腸がんの治療は、かなり過酷なものだったと周囲から聞いている。医師や友人からがんばれと励まされても、素直に受け入れられないこともあったに違いない。その闘病の苦しさからようやく抜け出した先で財津は、「だいじょうぶさ」ということばと出会った。その価値は、私たちが普段の暮らしで気軽に口にする「大丈夫」ということばとは比べものにならないほど大きいものなのだろう。

悩んでいたフレーズも

「だいじょうぶさ」ということばとともに、財津が気になっているフレーズがある。「人生は君のことを愛しているよ」というものだ。

「宇宙や空のように大いなるものから愛されることもうれしいけど、それよりも日常の隣にある人生から愛されるほうが人としてはうれしいんじゃないか。ふとそう思ったんです」

ただ、いまは歌詞にそのフレーズを盛りこむ予定はないという。

「インタビューなどで、『人生は君を愛しているよ』ということばの意味をきちんと説明すれば、さほど陳腐なフレーズとは思われないかもしれません。だけど、歌詞の中で突然、『人生は君を愛しているよ』とあったらどうでしょう? リスナーに、『何を大げさなことを歌っているんだろう』と違和感を持たれてしまってもおかしくありません。説明のいる文は駄文なんです。前後のフレーズがしっかりしていないと、説明足らずで輝きませんから。なので、『人生は君を愛しているよ』というフレーズは魅力的ですけど、引き出しの中にしまうことにしました」

「だいじょうぶさ」というありふれたフレーズよりも、「人生は君を愛している」ということばのほうがメッセージ性に富んでいる。このことばが歌詞にひとつ入るだけで、新曲はメッセージソングの色彩をぐっと帯びることだろう。だが、財津は、「説明のいる文は駄文」と、このフレーズを引き出しに戻してしまった。財津ならではの作詞のこだわりであり、流儀というしかない。作詞とはひと筋縄ではいかないものだと、私はあらためて嘆息せざるを得なかった。

悩みつつ臨んだレコーディング

二〇二〇年一月、都内のレコーディングスタジオに財津の姿があった。いよいよ、新曲のレコーディングが始まるのだ。ただし、今回はテスト録音という位置づけだ。財津によれば、新曲はまだ制作の途上にあり、完成していない。その前にいまある詞とメロディを録音し、出来栄えをチェックしようというのだ。

私はそれまで、プロ歌手のレコーディングというものに立ち会ったことがなかった。録音の現場はさぞかし緊張感にあふれているのだろうと想像していたら、実際はそうでもなかった。

演奏するのは、TULIPコンサートのサポートメンバーだ。財津も気心が知れているからか、録音は普段のリハーサルのようになごやかな雰囲気の中で進んだ。私が興味深く感じたのはドラムやキーボードなど、それぞれのパートの音を録音する過程で、財津が細かく指示をする部分と、奏者に任せる部分をはっきりと分けていたことだった。サポートメンバーのアイデアをよいと判断すれば、財津は迷うことなくそれを採用していた。

楽器の録音がひとしきり終わると、いよいよ歌入れだ。財津は大きなボーカルマイクと譜面台のあるブースへと向かった。広さはせいぜい五〜六畳ほど。木目調の内装の室内は暖かな光に包まれている。

譜面台の前にスタンバイすると、財津は髪の乱れを気にかけることが多かった。しかし、今日は集中しているのだろう。髪の乱れなどお構いなしの風情で、譜面台をじっとにらんでいる。

やがて財津のやわらかな声が流れ、歌入れがスタートした。この時点で新曲の歌詞は三番まであり、財津はそのフルコーラスを三度録音した。カメラを回している私たちに映像が不足することがないよう、多めに歌ってくれたのだと思うと何だか申し訳なかった。

録音が終わると、財津はスタジオの向かいにあるコントロールルームへと移動した。録音したばかりの自分の声と向き合うためだ。何度も何度も聞き返し、新曲の出来栄えのチェックに余念がなかった。結局、財津から終了のサインが出たのはそれから四時間後のことだった。

　新曲の完成直前にまで来た心境を聞きたくて、コントロールルームから出てくる財津を捕まえた。テスト録音とはいえ、レコーディングにこぎつけたとあって、財津の顔は上気していた。

「予想よりよい出来になったとホッとしています。スタジオ入りの前まではどうなることやらと不安でいっぱいだったんですけど、いざ録音を始めるとサポートメンバーがうまく演奏してくれて、何だかノリのいい曲になっちゃった（笑）。あまりノリがよくても年不相応になるかなと心配もしたんですけど、とりあえず僕としては気持ちよく歌えたんで。う〜ん、好きな感じの曲になってきました」

　机の中にしまった「人生は君を愛しているよ」というフレーズについても聞いてみた。本当にこのままお蔵入りにさせてしまうのだろうか？

「例のフレーズですね。いまは半々かな。入れようか入れまいか、迷っています。何よりも『人生は君を愛しているよ』ということばは僕にとってとても新鮮でしたから。何とか歌詞に盛りこめないかという気はしています」

ぜひとも入れてください――。

そう伝えたかったが、財津と出会ってまだ一年半ほどの若造にとってはいささか荷が重かった。生意気と叱られたらまずいと喉まで出かけたことばを呑《の》みこみ、代わりにこう質問した。

――最後に完成に向けての意気込みを教えてください。

「意気込みというよりも、いまもいろいろ悩んでいます。メロディの完成度だけでも悩ましいのに、詞の出来はこれで大丈夫なのかなって。なにしろ、詞はダイレクトに聞き手のもとに届きますからね。恥ずかしいなあと悩んじゃう。あとは曲としてのメリハリですね。曲を聞いてもらうための演奏の仕方とか、歌い方をどうするのか。あれこれ考え出すと本当に悩ましい。はい、もう完成しないかもしれないです！　あ～、年をとると、どっと疲れますね」

そう言って財津が大笑した。これほど大声で笑う財津は久しぶりだった。口では「悩んでいる」と言うが、本心では新曲の出来に手ごたえを感じているのだろう。だが、一〇年ぶりの新曲作りに挑む財津をこの直後、大きな試練が襲うことになる。

第四章　コロナ禍で見つけた光——新たな指針に

新型コロナの余波

二〇二〇年二月、私はNHKの一ディレクターとして猛威を振るい出した新型コロナウイルス関連の番組制作に追われていた。ただ、その間も財津のことが気にかかっていた。感染が拡大すれば、新曲作りにも悪影響が及ぶのではないかと懸念していたのだ。

ようやく財津と連絡がついたのは二月半ば過ぎのことだった。その数日前に「おはよう日本」という番組で、短い尺とはいえ財津の新曲作りへのチャレンジをオンエアすることができていた。少しでも早く会って、その報告とお礼を言いたかった。また、新曲作りの過程をドキュメンタリー番組にしたいと考えていたこともあって、どんな形の取材が可能か、財津に直接打診したいという思いもあった。

当日、約束の場所に現れた財津は当然だが、マスクを着用していた。顔の半分しか見えなかったが、その表情はどことなく不安げだった。

「こんな大変なときに、わざわざありがとうございます」

いつものことだが、財津は私から伝えなければいけないセリフを先回りして言ってくる。

あいさつの後、話題は先日オンエアされた「おはよう日本」の感想や報告になった。そのオンエアに視聴者から大きな反響があったと伝えると、財津が相好を崩した。

「まさか、番組の中であんなに新曲のことに触れてもらえるとは思いもしませんでした。こちらのことを、いろいろと考えてくれていたんですね」

財津の取材を始めて一年半になるが、こんなお褒めのことばをもらった記憶がない。少しずつではあるが、財津が私との距離を縮めてくれたようで、とてもうれしかった。

その後、番組化に向けていくつかリクエストをし、今後の取材スケジュールなどを確認して、その日は財津と別れた。ただ、これ以降、財津と会う機会はぷっつりと途絶えてしまった。コロナ感染拡大で緊急事態宣言が発せられるなどの混乱が続き、財津との面談スケジュールがすべてキャンセルになったためだった。

四月半ば、財津の様子が気になり、マネージャーに一度連絡をしたことがあった。その返事は、「財津は家に閉じこもりきりで、人との接触を極力避けています」とのことだった。がんを患い、基礎疾患を抱える身としては当然のことだろう。財津の体調は大丈夫だろうか？　そのことが心配だった。

その後、もうひとつ気がかりなことを聞いた。財津のスケジュールが白紙になっているというのだ。コロナ感染が拡大する前は、年内に予定されていた財津のソロライブで、新曲がお披露目されることになるかもしれないと財津の周辺から聞かされていた。それがお披露目どころか、ソロライブそのものが中止になってしまった。マネージャーによれば、新曲作りも、財津が力を入れていた故郷、福岡での作詞講座も同じように休止状態になっているという。

はたして、財津の取材を今後も続けられるのだろうか？ ひょっとしたらこのまま尻切れトンボになってしまうのではないか？ 右肩上がりに増えるコロナ感染者数のグラフをニュースで見るたびに、私はそんな不安を感じていた。

半年ぶりの財津にある変化が

最後に財津に会ってからおよそ半年後の二〇二〇年九月。コロナ関連取材が一段落したこともあって、私はあらためて財津に取材のオファーをした。聞きたいことはひとつ。コロナ禍で中断したままの新曲作りをどうするつもりなのか、そのことを財津に訊ねたかった。マネージャーから連絡が来て、財津がインタビューを受けると言っているとのことだった。そして、一〇月初旬に福岡のホテルで会うことになった。

当日、ホテルのエレベーター前で待機していると、約束の時間より五分も早くマスク姿の財津が姿を現した。この数年間、取材のために財津とは継続的に会ってきた。これだけ長い期間、財津の顔を見なかったのは初めてのことだったので、あいさつがぎこちなくなってしまったことを覚えている。ホテル内の一室に移動し、インタビューを始めようとすると、「マスクを外しましょうか？」と財津が言う。コロナ感染のリスクを考えれば、マスクを着けたままの取材が望ましいが、それでは財津の表情をうまく撮れない。カメラマンと相談し、財津の好意に甘えることにした。

ただ、マスクを外した財津の顔は、以前とその印象が大きく様変わりしていた。これまでにはなかった、ヒゲがある。この半年の間に財津は白いヒゲをたくわえるようになっていた。財津にヒゲのワケを聞くと、ちょっとした心境の変化だという。

「年をとると、顔に自信がなくなってしまって……。なので、目線をできるだけヒゲのほうに向けてもらおうと、ごまかしでちょっとだけヒゲを伸ばしています」

コロナ禍で家で過ごす日が多くなったことも関係しているのではと、二の矢の質問を放ってみた。

「そうですね。外出しなくなって、無精ヒゲが伸びちゃった。せっかくこんなに伸びたのなら、いっそのことちゃんとヒゲをたくわえてみようと思ったんです。おかしなもので、一度ヒゲのある顔に慣れてしまうと、つるりとした自分の顔に違和感を持つようになってしまった。だから、いまもヒゲをそのままにしています」

折り目正しい財津は取材前、カメラ映りを気にしてきれいにヒゲを剃《そ》るのが常だった。こんなところにもコロナウイルスの影響が現れていた。

そんなところまで消毒!?

インタビューでは財津がこの半年間、どんなことを考えて暮らしてきたのかを聞いた。その答えで印象的だったのが、消毒にまつわる話だ。

「高齢者は感染すると重症化するケースが多いと聞いたので、それはそれは神経質に消毒をしていました。常にアルコールを持ち歩いて手指を消毒、室内への持ちこみ品も消毒、消毒。ついには髪の毛まで消毒するようになりました」

手指はいざ知らず、髪の毛の消毒云々《うんぬん》は財津のリップサービスくらいに思っていた。ところが、その後、別の取材で福岡市内にある財津が住むマンションを訪ねて驚いた。玄関に入るや否や、財津は靴箱の上にある大量の消毒グッズから消毒液を取り出し、まるで整髪料のように髪に塗りたくるではないか。その後も手洗いに立つと手洗い&消毒、さらには眼鏡を外して洗浄&消毒と、財津の消毒三昧はとどまるところを知らなかった。

あまりの徹底ぶりに度肝を抜かれている私たちに、さらに財津がこんな消毒エピソードを明かしてくれた。仕事の都合で遠方に行くため、新幹線に乗りこんだときのことだ。財津はシートに腰を下ろすや、にわかにテーブルやひじ掛け、背もたれなどの消毒を始めた。その様子をホームで見守っていた関係者らは、一様に目を丸くしていたと財津は笑う。

「みんな、『そこまでやる?』って表情で呆《あき》れていましたね。極度の不安症なんで、そこまで徹底しないと安心できないんです」

コロナウイルスは財津に消毒の日々を強いるだけでなく、コンサート中止など、音楽活動の停滞ももたらしていた。

「コンサートをしたいのはやまやまなんですけど、人が密集しちゃうんでね。リモート開催という方法もあるんでしょうけど、会場でアーティストと観客の一体感を肌で楽しむのがライブの魅力ですから。それにしても新曲を作ろうとか、気力のあるうちにコンサートをやっておこうとか思えるようになった矢先に、こんなパンデミックが起きるとは。いやいや、どういう天の意思があるのかは知りませんが、いたずらな天の主でございますね」

最後はおどけたような口調で語ってくれた財津だが、アーティストにとって現状がとても厳しいということだけはよく理解できた。

不安をぬぐえたきっかけ

コロナ禍で自宅にこもる日々を送る財津だが、ふと気持ちが軽くなる瞬間があるという。日課の散歩である。そのことを、私たちは財津が福岡に滞在するときによく訪れるという福岡市中央区の大濠《おおほり》公園で聞くことができた。

大濠公園は福岡のシンボル的な場所で、毎日、多くの親子連れやジョギングをする人でにぎわっている。公園の中心に大きな池があり、ボート漕《こ》ぎも楽しめる。私もこの公園が大好きで、帰省の折にはよく訪ねるスポットだ。

　私たちが財津とともに大濠公園に行った日は、絶好の散歩日和だった。一一月中旬だったにもかかわらず、初夏のような日差しが降り注ぐ日で、温度計は二〇度近くを示していた。ロケでいつも感じることだが、自然体の人物を撮ることは難しい。被写体のほうがどうしてもカメラを意識してしまうからだ。

　しかし、この日、大濠公園を散歩する財津はどこまでも自然体だった。私たちの存在など忘れているかのように、気持ちよさそうに公園内を散策していた。

　カメラクルーがこんなチャンスは滅多にないとばかりに、遠目からその様子を撮影していたときのことだ。財津が突然、歩みの方向を変えた。その先にいたのは大きなゴールデンレトリバーを連れた母娘《ははこ》だった。財津はベンチでくつろぐふたりと一匹に近寄ると、おだやかな口調でこう話しかけた。

「このワンちゃん、僕のことを知っている人かもと見ているみたい。僕も犬を飼っていますからね。きっと犬の匂いがするんでしょう」

　しばらく母娘とのよもやま話を楽しむと、財津は池のほとりのベンチに腰かけた。さっそく散歩が持つ意味について聞いてみた。

「散歩をしていると僕なりのアイデアが出てくるんですよ。いままで気づかなかったことか、混沌《こんとん》として整理できなかったことの答えとか。机の前で無理やり捻り出したものよりも、散歩をしていて直感したもののほうがずっと信じられるんです」

コロナ禍での散歩は、ふさぎがちな心を軽くしてくれるという。

「コロナで地球の全員がマスクをしているでしょ？　その映像を見ていると、本当にSF映画を観《み》ているような不思議な感覚になってしまう。みんな等しくコロナの脅威を受けることで、人類が、そして地球がひとつになっているという不思議な感覚です」

そう考えると、これまで恐れていたコロナに対するイメージが変わってきたという。

「高齢ですからコロナは正直、怖いです。だから、周囲が呆れるほど消毒しまくっているんです。ただね、コロナを必要以上に恐れることもない。というのも、地球に住むすべての人が同じようにマスクをしてコロナの脅威に立ち向かっている。変な表現ですけど、コロナが人類共通の仮想敵になった結果、みんなが一丸となれているんです。イライラを募らせたり、他者を攻撃したりするのではなく、『みんなでコロナと戦わなきゃ』と一丸となっている。もし、コロナに功罪があるとしたら、争いや分断を乗り越えた人類の一体感こそが功のひとつだと思いますね」

自分だけがコロナを怖がっているのではない。みんな怖がっている。しかも、共通の脅威にさらされることで、人々の間に一体感のようなものも生まれている――。

私の目には財津がコロナの脅威をポジティブに捉えようとしているように映った。それは同時に、財津の内心にある変化が起きていることを示していた。

新しいチャレンジをしたい

その変化は、次のような財津のことばにもよく表れている。

「感染予防のために家に閉じこもっているうちに、この時間は自分を見つめ直すよい機会になると気づいたんです。体内にどっとアドレナリンが分泌され、『このままで終わっちゃダメだ。新しいチャレンジをしなくちゃ』と思うようになってきた。語弊があるかもしれませんが、コロナ禍を体験することで元気になってしまったんです」

――新しいチャレンジとは具体的にどういうことなのでしょう?

「いまはそのチャレンジが何なのか、はっきりと見えているわけではありません。人生最後になるかもしれませんが、何かに挑戦してみたい。これまでの僕は第四コーナーを回って、ゴール近くでヘトヘトになっているランナーのようなものでした。これ以上速く走ることができず、もう尻つぼみに終わっても仕方ないと諦めているような状態でした。でも、いまは違う。元気になったのでもう少し走り続けてみようという気分なんです」

「チャットって何ですか？」

財津の言う新しいチャレンジのひとつがオンラインイベントの実施だった。あれだけスマホやSNSに疎かった財津がライブ代わりにと、ネットでのライブ配信に乗り出したのだ。一一月下旬、私たちはその月二度目となるオンラインイベントの様子を取材することにした。

配信は財津がこれまで幾度となくレコーディングをしてきた都内の某スタジオから行われた。室内にカメラ二台とキーボード、ギターが置かれ、財津が弾き語りをできるようにセッティングされている。

オンラインイベントに臨む財津。2020年11月

リハーサルはかなり入念だった。手慣れたライブならいざ知らず、ライブ配信となるとやはり勝手が違うようで、何度も段取りを確認する財津の姿が印象的だった。

その財津が突然、戸惑い気味に私に話しかけてきたのはトークコーナーの打ち合わせをしているときだった。

「チャットって何ですか？」

いきなり財津からこう問われ、私は面食らってしまった。答えに詰まっている私を見て、横からマネージャーが助け舟を出してくれた。

「文字で会話ができるってことです」

「あっ、文字で会話するのがチャットなんだ」

「そうです」

「じゃ、文字でないのは電話？　メールってこと？」

「それをリアルタイムでやりとりすることを、いわゆるチャットと呼ぶんです」

「ああ、いわゆるＬＩＮＥみたいなものか」

何だか、禅問答のような会話がふたりの間で続く。それでもマネージャーの説明にようやく得心したのか、財津は照れ笑いしながら私に向けて手でグーとポーズを作ってみせた。

そうこうしているうちに、オンラインイベント開始の時刻となった。その冒頭、財津はいきなり拍手をした。

「拍手すりゃいいってもんじゃないでしょうけど、何か拍手したくなっちゃいました」

ただ、このとき、財津は本来顔を向けていなければならないカメラでなく、別のカメラを見つめていた。それをスタッフに指摘され、「あっ、カメラ、こっちじゃない」とまた照れ笑い。財津は戸惑いながらも、オンラインイベントを楽しんでいるようだった。

「どうでもいいようなことをぐだぐだと話していますが、こうしてリモートでファンのみなさんとつながることができるって、アーティストにとってこれほどありがたいことはありません。コロナのせいでもう一年以上、ライブもろくにできていないんですから。長すぎますよ。このまま忘れられるという不安感がないといえば、ウソになってしまいます」

イベントは二部構成だった。前半は財津が過去に発表したシングル曲やアルバムに関するトークコーナー、後半は財津の弾き語りコーナーだ。オンラインイベントは一時間ほども続き、その間にはチャットを通じてファンから山のようなメッセージも届いた。無事に配信を終えた財津に、その手ごたえを聞いてみた。

「ファンとつながっていたい。ただその一心で始めました。こうしてオンラインでつながっていれば、ライブで会えなくても忘れられずにすむという安心感もあります。ただ、歌うのも演奏するのもすごく久しぶりなので、体が忘れちゃっている。そこはファンに甘えています（笑）。ファンには最初のコンサートからずっと足を運んでくれる人もいれば、僕の発信をその都度、丁寧に受信してくれる人もいる。そういう理屈なしに大切にしたい関係がコロナのせいで途切れてしまったことをとても残念に思っていました。でも、オンラインならこうしてまたつながれる。本当にありがたいと感じています」

コロナ禍だからこそ、つながりを求める。財津らしいチャレンジのあり方だと思った。

コロナ禍だからこそ歌う?

こうなると、財津にはコロナ禍で歌うことの意味も聞きたくなってしまう。財津の新曲作りを追うドキュメンタリー番組の背景にコロナ禍を置くことを考えていたのもあって、財津に訊ねてみた。

「何か、特別なことを言わせたいんでしょうけど、コロナであろうがなかろうが歌うしかない。僕の仕事は歌うことですから。なので、コロナの前といまで僕の中でとくに何かが変わったわけではない。あくまでできることをしているだけのことなんです。それが僕の場合、歌ということです。『コロナでも歌えるって何だか、いいよね』。いまはそれしか言えません」

その答えを聞いて、失礼な言い方になるが、財津にはやはり歌しかないのだと感じた。歌こそが財津の最強の武器であり、このコロナ禍でも色あせない唯一無二のものだからだ。半世紀にわたって第一線で活躍しているアーティストだから当然かもしれないが、こういう武器を持つ人はどんな時代でもぶれない生き方ができる。

コロナであろうがなかろうが歌うしかない――。

こちらの投げかけた難しい問いに迷うことなくそう答えた財津に、私はうらやましさすら覚えていた。

第五章　詞を書くことで「生まれ変わる」

作詞講座を再開

財津がオンラインイベントとともに、チャレンジを考えていたものがある。それはコロナで中断していた作詞講座の再開である。二〇二〇年九月、「言葉が歌になる時」とサブタイトルがつけられた作詞講座の第三期がスタートすると聞きつけ、私たちは福岡入りした。

第三期の講座は、以前と大きく様変わりしていた。三密を避けるためクラスは二分割され、受講者の座席も一メートル以上の間隔が設けられていた。もちろん、会場入りの前には検温、消毒、マスクに加えてフェイスシールドの着用も求められる。

私たち取材クルーも一定のエリア以外での撮影は許されず、参加者へのインタビューも距離を置いて行うよう求められた。もっとも痛手だったのは財津と受講者のやりとりの撮影だった。フェイスシールド越しの会話では双方の表情がどうにも読めない。テレビは映像がないと番組にならない。あらためてコロナ禍でのロケの難しさを痛感せざるを得なかった。

財津の感染防止対策はさらに念入りだった。会場入りすると自分用だけでなく、受講者用のマイクも消毒する。さらにその受講者用マイクは財津自身が持ち、受講者に向ける。受講者がマイクを持たないですむようにすることで少しでも感染リスクを減らしたいという財津の配慮だった。

このクラスで私たちは見知った顔を見つけた。大阪在住で一期から講座を受けている、奥口美樹さんである。脳腫瘍を患いながらもポジティブな詞を作り、財津に激賞されたことは第二章で紹介した。

ただ、この日の奥口さんは以前と様変わりしていた。前向きなイメージがすっかり影を潜めている。コロナ禍で友人とも会えず、二〇二〇年春頃から体調を崩し、うつの症状に苦しんでいるという。

「四月に腰を痛めたことがきっかけで、体に次々と異変が起きてしまって……。耳からの出血症状も悪化し、いまでは息をするのもしんどい。それでも何とか仕事を続けていたのですが、梅雨を過ぎたあたりからうつの症状にも悩まされるようになってしまいました。内科医、婦人科医、心療内科医といろいろな先生に診てもろうたんやけど原因がわからない。電車を降りた途端、心臓はばくばくするわ、家事も大きく深呼吸しないとできないわで、『私、人間失格と違うか？』とまで思いこむようになってしまいました」

げっそりとした表情でそう語る奥口さんの目には、うっすらと涙がにじんでいた。以前は楽しいと感じていた作詞も、いまはまったくしていないという。財津は受講者に講座初日までに詞を一篇作ってくるようにと伝えていたのだが、奥口さんはその課題を果たせていなかった。それでも、遠路はるばる大阪から財津の作詞講座を再受講しに来たわけを奥口さんはこう語る。

「一期講座のときは『ペンを持ち、新しいことを書いて新しい自分になろう』という財津さんのことばに深く納得できていたんですけど、体調を崩してからはどうにも作詞を楽しめなくなってしまいました。そんなときに三期講座が開催されると知り、もう一度受講してみようと思ったんです。財津さんに会えば、また新しい自分を引っ張り出してもらえるかもしれない。作詞講座がそのためのきっかけになればということなんです」

立ち直りのきっかけを求めてふたたび作詞講座にやってきたというのだが、この日の奥口さんは元気がなく、自席でも黙りこくったままだった。ようやく意を決したのか、奥口さんが挙手をし、財津に発言の機会を求めたのは講座終盤のことだった。

「長い音楽人生では財津さんも落ちこんだり、行き詰まったりすることがあったと思います。そんなときはどうやってそのスランプを克服してきたんですか？　私もいま心身ともに最悪の状態から抜け出せずに苦しんでいます。その答えが知りたくて、ふたたび作詞講座にやってきました。アドバイスがあれば、ぜひお願いします」

途中、何度もつっかえながら、苦しみを吐き出すように語る奥口さん。フェイスシールド越しにも懸命にことばを探そうとしていることがよくわかった。そんな奥口さんへの財津のアドバイスは「散歩のすすめ」だった。

「僕個人の体験を言えば、そんなときは散歩します。大きく深呼吸しながら歩いて気分転換すれば、次のステップに進めるような気持ちになれるんです。散歩は最高ですよ」

何も知らなければ、「スランプの脱出法が散歩なのか？」と拍子抜けすることだろう。ただ、財津には実際に散策をすることで不安と向き合ったり、新しいチャレンジへと踏み

大濠公園を散歩する財津。2020年11月

出したりしてきた過去がある。そんな財津のバックグラウンドを取材してきた私たちにとっては、そのアドバイスは的を射ていると感じた。

ただ、すがるような思いで質問した奥口さんの受けとめ方はどうだったのだろうか？

講座終了後、奥口さんに話を聞いた。

「財津さんに言われて気づきました。そういえばふさぎ込んでいる間、私、体調がよくなかったこともあって散歩なんか一度もしたことがなかったなあって。財津さんが散歩することで新しい自分を見つけることができたと言うのなら、私も大阪に帰って散歩をしてみようと思っています。ノートと鉛筆を持って。

それで好きな場所に腰を下ろして深刻ぶらず、以前のようにごくありふれた日常で感じた驚きや気づきを楽しく、愉快に詞にできたらと思っています」

何だか、奥口さんの話すときの熱量が受講前のインタビュー時に比べると、やけに高い。話している間も、じりじりと私たちのほうに距離を詰めてくる。どうやら、大阪からはるばると財津に会いに来た効果が早くも出ているようだった。

コロナ禍で苦しむ人は他にも

奥口さんのように、コロナ禍で苦境に立たされている受講生は他にもいた。そのひとりが、福岡市在住の宮崎彰文《あきふみ》さんである。博多区中洲でバーを営んでおり、金髪姿がとてもおしゃれだ。バーの経営は感染拡大にともなう営業自粛が続き、大打撃を受けたという。

私たちは宮崎さんに許可をもらい、そのバーでカメラを回すことにした。ドアを開けると右手に五席のカウンター、さらに左手に一〇人ほど座れるボックス席がある。一九時きっかりにバーに到着すると、宮崎さんは店内を念入りにアルコール消毒していた。

四階の窓から人通りの少ない中洲の街を見つめながら、宮崎さんがぽつりぽつりと語り始めた。

「ほら、全然人が歩いていないでしょ？　僕らができることは感染防止対策など、万全の準備をして待つことくらいです。売り上げ？　激減しましたね。とはいえ、お客さんに無理やり来てとは言えない。コロナ感染が収まり、以前のようにお客さんでにぎわう日が早く戻ってほしいですね」

――バーを閉店しようと悩むことはありませんでしたか？

「もう迷いました。あれだけにぎやかだった中洲から、音も光も消え去ってしまった。車が通らない、人が歩かない、声が聞こえない。このコロナ禍では、バーなんかだれにも必要とされていない。水商売はいらないものになったんじゃないかと心底落ちこみました」

バーの開店時間は二一時。しかし、一向に客が来る気配はなく、店内はシーンと静まったままだ。やがてひまを持て余したのか、宮崎さんがバックヤードから紙とペンを持ち出してきて、カウンター席に陣取った。

若い頃から財津の熱烈なファンだった。作詞講座の受講を決めたのは財津に会いたいという一心からで、作詞そのものにはさして興味はなかった。しかし、実際に財津から手ほどきを受けると、作詞への興味が湧いてきたという。

「バーの営業中にこうして詞を書くなんて、本当はダメなんですけどね。でも、お客ゼロの日なんてざらですから。客がいないときは『詞を書いてもいいじゃん』とか、『詞を書く時間をくれてありがとう』とか、自分に言い聞かせています。こんな状態がもう半年。もうすっかり慣れました」

客が来ないときは、作詞で気を紛らわせている。宮崎さんの強がる様子がとてもさみしく感じられた。

コロナ禍に詞を書くことの意味

宮崎さんの書いた詞を紹介しよう。

忘備録

挑まれてもいないのに　負けるなと囃《はや》される

アイコンの君は　いつも微笑《ほほえ》み　フィルター越しの会話
変わらない夢もあるんだよって
ちいさな窓の向こうから　その想《おも》いが広がりますように
当たらない星占い
繰り返される消息に　今は向き合うしかないのでしょう
弱ってもいないのに　頑張れと言われる
浅い強がりの僕は　出来るだけ正直でいる
笑わない背中を見つけたら
おおきな歩幅で追いついて　その憂鬱をとり払ってあげよう
必ずもない約束もない
すり替えられる正しさに　今は向き合うしかないのでしょう

「繰り返される消息」というフレーズは感染者や死者の数など、日々のコロナ関連ニュースのこと。その消息にいまは向き合うことしかできないという宮崎さん自身の心情を描いた作品だ。周囲からの「頑張れ」という励ましのことばの軽さや、フィルター越しでしか大切な人に会えないことの憤りも表現したかったという。

宮崎さんの詞を読みあげながら、財津が言う。

「いつも苦悩の中にいらっしゃるようで。でも、書くことで多少は発散できているようですね。忘備録というタイトルが面白いですね。なぜ目を惹かれるのかとちょっと考えてみたんですけど、ああ、これは宮沢賢治の『雨ニモマケズ』と同じだ。だから、惹かれるんだと思うと合点が行きました。『雨ニモマケズ』は世間に向けて発信しているようで、じつは最後に『サウイフモノニ　ワタシハナリタイ』と自分に言い聞かせている詩でもある。宮崎さんの詞も同じ構成なんですよ。忘備録って自分が忘れないための覚えのことですからね。だから、忘備録というタイトルが生きるんです」

財津の指摘に宮崎さんが満足そうにうなずく。

「そのとおりなんです。財津さんの言うようにこの詞はこの一年近く、コロナ禍で僕を含めた多くの人々が受けた仕打ちを忘れないようにと書いたものです。コロナのせいで泣く泣くいろいろなことを諦めなければいけないシーンが続いたでしょ？　そういう悔しさ、理不尽さを忘れちゃいけないと思うんです。そんな僕の思いに財津さんが陽《ひ》を当ててくれた。それだけで本当に幸せです」

宮崎さんのことばを聞き、感じたことがある。それは、受講者にとってコロナ禍に詞を書くことの意味が大きくなっているということだ。

私は三年ほど前に、薬の神さまを祀《まつ》る神社の取材をしたことがある。この一〇年間で参拝者が一〇倍に増えたことを知り、その理由を探りたいと思ったのだ。実際に取材を始めてみると、参拝客にはある共通点があった。その多くが病気で苦しむ家族や友人を持っていて、お参りするときに願いや苦しみを心中で唱え、反芻《はんすう》していた。

現代は人と人とのつながりが希薄になり、生老病死の悩みごとを気軽に打ち明けることが難しくなっている。だからこそ、薬の神さまに悩みを聞いてほしいと参拝客が押し寄せているのだろう。

詞を書くこともその行為と似ている。人知れず心中の悩みをつぶやき祈る行為と、作詞は異なる。作詞は人に読まれる可能性がある。しかし、人前でなかなか口にできなかった内心をことばにし、それと向き合うという点では同じと言えないだろうか？　コロナ禍で苦しい状況に立たされている人にとって、作詞の時間の持つ意味がより高まっているのだ。

ふたたび挑み始めた新曲作り

コロナ禍から立ちあがろうとする受講生の存在が、さらなる新たなチャレンジへと財津を駆り立てたのかもしれない。コロナで制作が中断していた新曲を完成させ、オンラインイベントで披露したいと言い出したのだ。

さっそく話を聞きたいと、私たちは財津が滞在する福岡市内のマンションへと出かけた。その部屋で財津は詞と格闘していた。ベッド上で浮かんだことばを思いつくままに書き留めていたという。その原稿に目を落としながら、財津が説明してくれた。

「書きあげた詞をチェックしているところなんです。メロディと詞が合っているかなとか、息継ぎが入ることで詞の意味が変わってしまわないかなとかね。他にも歌詞の響きがメロディに馴染んでいるかなとか、どちらの言い回しのほうが歌いやすいかなとか、本当にいろいろあるんで一度迷い出すとキリがありませんね。もっとも根が大雑把ですから、実際にスタジオで歌ってみて不具合があれば、その場で直せばいいやとも思っています」

自虐的に曲作りの難しさを語る財津。話題は歌詞に盛りこむかどうか悩んでいたあのフレーズに移っていった。

「人生から自分は愛されていると思うと、もう何も怖くないじゃないですか。独りよがりな考えかもしれないけど、愛されるって人間にとって一番のエネルギーになる、力になる、勇気になるんです。だからこそ、新曲でも『人生そのものが君を愛しているよ』と言ってあげたい。素敵だと思いません？　人生から愛されているんですよ。僕だったら、うれしくてたまらないなあ」

財津はこれまで「説明のいる一文は駄文になりかねない」と、前後の脈絡を説明しないと意味をとりづらいこのフレーズを詞に盛りこむことに躊躇《ちゅうちょ》してきた。しかし、いまはこのフレーズが財津の胸にストンと落ちたのか、新曲のキーワードとして積極的に採用したいと考えているようだった。

奥口さん、一歩前へ

話を奥口さんのことに戻そう。財津のアドバイスをきっかけに散歩をするようになったと連絡をもらったこともあり、私たち取材クルーは大阪の奥口さんを訪ねることにした。

一一月のある日、指定された公園に行ってみると、散策を楽しむ奥口さんの姿があった。公園内の銀杏《いちょう》が黄色く色づいて美しい。奥口さんといっしょにベンチに腰かけ、「財津さんのアドバイス、効果はどうでしたか？」と聞いてみた。

「銀杏並木がこんなにキラキラして、本当にきれいですね。家の近所に、こんなすばらしい散歩ルートがあるとは知りませんでした。何年も散歩なんてしていませんでしたから。それで財津さんがアドバイスしてくれたように、大きく深呼吸しながらブラブラと歩いてみてわかりました。ああ、こんなに頭の中を空っぽにできるんだって。いまはこの体験が詞作りや体調の回復につながるのではないかと期待しています」

奥口さんは心身ともにリフレッシュしている様子だった。その後、奥口さんはカバンからノートを取り出して見せてくれた。完全な詞の形にはなっていないが、そこにはいくつかのことばが書きこまれていた。

次回の作詞講座は一ヵ月先だ。「それまでに詞が書けるのか、書けたらどんな詞になるのか、楽しみにしています」と伝えると、奥口さんは笑顔でこう答えてくれた。

「作りたいですね。作ったら、新しい自分をまた見つけることができるような気がしているので。またやり直せるというか、元気を取り戻せそうな予感がしています、うん」

紡ぎ出されたことばの力

三期作詞講座の最終回となる一一月末のある日――。西鉄グランドホテルの最上階ホールに、クリアファイルを大事そうに抱えた奥口さんがいた。その中に収められた用紙には、びっしりと文字の列が並んでいた。どうやら、講座までに詞が書けたようだ。

奥口さんはこの日、最前列の席に陣取った。すぐ目の前は、財津が座る講師用デスクだ。財津が入室すると「待ってました」とばかりに、クリアファイルを机の上に置く。その様子は前回の作詞講座で見せた心細そうな姿とは違い、じつに堂々としていた。

いつものようにマイクを入念に消毒すると、財津がホワイトボードを指さしながらこう会場に呼びかけた。

「自作の詞を書いてみようという方、いますか?」

すると奥口さんが勢いよく右手を挙げ、ホワイトボードの前へと進んだ。ひと文字ずつ丁寧に書きこんでいる。その間、一〇分ほど。奥口さんが書き終えたことを確認すると、財津がホワイトボードの文面を読みあげ始めた。

あの角　曲がれば

ある日　突然　泳げなくなったんだ
だから　プカプカ　浮いていた
流れに身を任せて　ただ　プカプカ

時々　口に水が入って　息も苦しくって
何度も何度も　沈みそうになったけど
それでも　なんとか今日まで浮いてきた

ある日気づくと　岸辺に流れついてたんだ

キラキラ　眩《まぶ》しい緑と　懐かしいよな　匂い
そして　久しぶりに　地面に足をつけたんだ

怖くて　なかなか歩き出せなかったけど
誰かが　そっと　手を引いてくれた
誰かが　そっと　背中を押してくれた

歩いてる　てくてく　少しずつ　てくてく
この手に　この背中に　この足裏に
たくさんの温《ぬく》もり　感じながら

辿《たど》りついた　大切な場所　変わらぬ街並み
当たり前の　景色が　なぜか嬉《うれ》しくて
あの道　この道　いつも一緒に歩いたね

いちょう並木が　お帰りと　微笑んでいる
まるで　やさしく　手を広げているように
あの道　この道　今日は1人で歩いてる

はじめての　あの角　今日は曲がってみようか
立ち止まって　胸いっぱいに　深呼吸
笑顔の君が　きっと　そこに　いる気がして

読みあげの後は受講者による講評の時間だ。財津が感想を求めると受講者が次々と手を挙げた。その中からふたりの受講者のコメントを紹介しよう。

「人生で病気になったり、仕事に行き詰まったりすることはだれでもあります。だからこそ、困難に直面したとき、諦めずに次の一歩を踏み出してみよう、知らない角もひるまずに曲がってみようという前向きな姿勢が必要となるんじゃないかな？　この詞は、そんな人が前向きにがんばろうとする姿勢がとてもよく表現されていると感じます」

「落ちこんだときに、希望を求めて知らない角を曲がる。すごく怖いんだけど、その曲がった先にこそ、希望が待っているかもしれない。そんな期待感がよく描けているなあと感心しました」

奥口さんの詞は、受講者に好感をもって迎えられたようだった。会場の反応を見た財津が奥口さんの席に歩み寄り、マイクを向けた。

「財津さんから、『苦しいときには歩いてみたらいいよ』と言われ、実際に歩いてみました。すると、本当にだれかに背中を押されるような感覚になったんです。その結果、何もやる気が起こらなかった自分がこうして人前に出てしゃべれている。ひょっとしたら、このまま浮上できるかもしれないと感じています」

そのことばを引き取るように、財津がこう続けた。

「奥口さん自身の内面の葛藤がことばになったということですけど、こうしてあらためてご本人から話を聞くと、その思いがより強く伝わってきますね」

コロナ禍に苦しむ人々が紡ぎ出すことばの力を財津自身、強く噛《か》みしめているような口調だった。

「生まれ変わる」

この作詞講座で、財津はいくつもの印象的なことばを発している。「詞を書くことで生まれ変われる」ということばもそのひとつだ。財津が言う。

「詞を書くってだれもが日常的にする行為じゃない。だから、それをやるためにはまず書き手自身が生まれ変わる必要があるんです。普段の自分ではないもうひとりの自分になって詞を書く。あるいはいまの自分でなく、時空を超えて過去や未来の自分になって書く。たとえば、僕自身も青春時代に戻って謝りたいなあと思う人がいます。実際にはそんなこと不可能なんですけど、詞であればそれができる。そして、長い間抱え続けてきた罪の意識からちょっぴり解放される。少々こじつけっぽく感じる人もいるかもしれませんが、それが生まれ変わるということであり、詞を書く価値だと思うんです。作曲には美しい旋律を生み出す感性やそれなりの音楽的な知識が求められますが、作詞ならことばや文字だけで十分です。そして、そのことばや文字はみなさんの身近にある。だから、あとは『生まれ変わる』という意識を持つだけで、わりと簡単に作詞をやれるはずです」

財津は多くを語ったわけではない。しかし、「生まれ変わる」ということばは、コロナ禍を生きる多くの人々に響くメッセージになりうると感じた。コロナパンデミックで私たちの暮らしは一変した。財津自身がコロナ禍を乗り越え、新しい歩みに挑戦しようと手探りの努力を続けている。同じようにみんなにも次の一歩を踏み出し、苦境を乗り越えてほしい。「生まれ変わる」というメッセージを通じ、財津は受講者にそう語りかけているようだった。

作品として受けとめる

財津は、受講者の詞をどんな思いで受けとめたのだろうか？　三期作詞講座の全スケジュールを終えた直後、財津に聞いた。

「詞を書くことで、受講者のみなさんの目の色が変わりましたよね。率直に悩みを口にしたり、前向きに生きようとしたりしているのを見て、作詞講座という場を提供できてよかった、みなさんの詞を発表するお手伝いができて本当によかった、と思いました。ただ、その詞の内容について、僕が偉そうにアドバイスすることはない。おこがましくてとてもできません。そうじゃなく、受講者のみなさんの詞を一篇の作品として尊重し、受けとめてあげることが大切だと思っています」

私も同感だった。受講者はコロナ禍での悩みや苦しみなど、自分の実体験を詞に綴っている。その詞に高みからアドバイスをするのでなく、作詞の技法として「こんなことばで表現してみたらどうでしょう?」とアイデアを提供することに徹する。そんなスタンスが、「詞作りを通じて受講者の人生に寄り添いたい」と考える財津にはずっとふさわしい。

この歌を届けたい

二〇二〇年一二月、福岡での作詞講座を終えた財津は東京に戻り、ふたたびスタジオに通う日々を過ごしていた。新曲の最後の仕上げに取りかかるのだという。そんなある日のこと、コントロールルームの小さなテーブルで二〇分あまりも新曲の詞を見つめていた財津がこう口を開いた。

決心しました——。

そのことばに、カメラマンが慌ててカメラを肩の上に持ちあげた。「ザ・ヒューマン」でそのときのシーンをご覧になった視聴者はわかるだろうが、収録された財津の映像は大きくぶれてしまっている。狼狽《ろうばい》してカメラマンがすぐには財津の姿を捉えきれないほど、その発言は唐突だったのだ。

「同じことばを繰り返すべきなのか。それとも変化をつけたほうがよいのか。本当にわからないんです。でもね、同じことばを繰り返すことにたったいま決めました。メッセージなんだからシンプルにいこう。そちらのほうが聞き手はわかりやすいかな、と。わざわざ変化をつけるより、ひとつのことばを繰り返して訴えたほうが聞き手に伝わるような気がしています」

いきなり財津にそう言われ、私は面食らってしまった。同じことばを繰り返すとは、詞のどの部分のことを指しているのだろう？　私の疑問を察したのか、財津がA4用紙のある箇所を指さした。そこには「大丈夫さ　大丈夫さ　うまくゆくから」ということばが綴られていた。

「『大丈夫さ　大丈夫さ』の後は『うまくゆくから』『すべてうまくゆく』の繰り返しにす

ると決めました。『大丈夫さ』の後をたとえば、『それが壊れても』や『それを失《な》くしても』、あるいは『心が折れても』や『ひとりになっても』など、変化をつけることも検討しました。歌う側はどうしても同じことばを繰り返すと飽きられてしまうんじゃないかと心配になりますから。でも、『うまくゆく』の繰り返しパターンで統一することにしました。だって、つらい状況の人を励ますのに、毎回違うことばを投げかけますか？　ふつうは『大丈夫だよ』『大丈夫だから』と同じことばを呪文のように繰り返すんじゃないですかね？　だったら、その後もやっぱり『うまくゆくから』『すべてうまくゆく』と繰り返すべきだと考えたんです」

作詞の進捗状況を説明するときの財津は、伏し目がちのことが多かった。詞の出来に満足していなかったからだろう。だが、このときの財津は、まっすぐなまなざしで取材クルーのカメラを見据えていた。「うまくゆくから」というフレーズは、財津にとっても決断の呪文になっているのかもしれない。

ただ、そうなるともうひとつのフレーズのことを聞かないわけにはいかない。財津が詞中に入れるかどうか悩んできた「人生は君を愛している」というフレーズの扱いである。

財津の最終的な答えは「やっぱり使わない」だった。

「言いすぎの感があるんですよね。犬でも猫でもいい、だれかに愛されたいとうちひしがれている人にとって、『人生自身が君を愛しているんだよ。君は愛されているんだ』というフレーズは無敵の響きに聞こえてもおかしくない。でも、実際にメロディをつけて歌ってみるとどこか違和感がある。目標のライン内ぎりぎりにコインを投げた人が勝ちというゲームがありますよね。『人生は君を愛している』というフレーズは勢いがよすぎて、投げたコインが目標ラインをオーバーしちゃったという感じがしてならない。言いすぎた感があるんです。残念ですけど、このフレーズは使わないことに決めました」

独特な言い回しで不採用の理由を語った財津。「大丈夫さ」というストレートで訴求力のある表現は採りいれる一方で、受け手によってことばの意味が変わりかねない「人生は君を愛している」というフレーズは歌詞としては適当ではないと判断したのだろう。

人生はひとつ　でも一度じゃない

財津は新曲のタイトルについても説明してくれた。

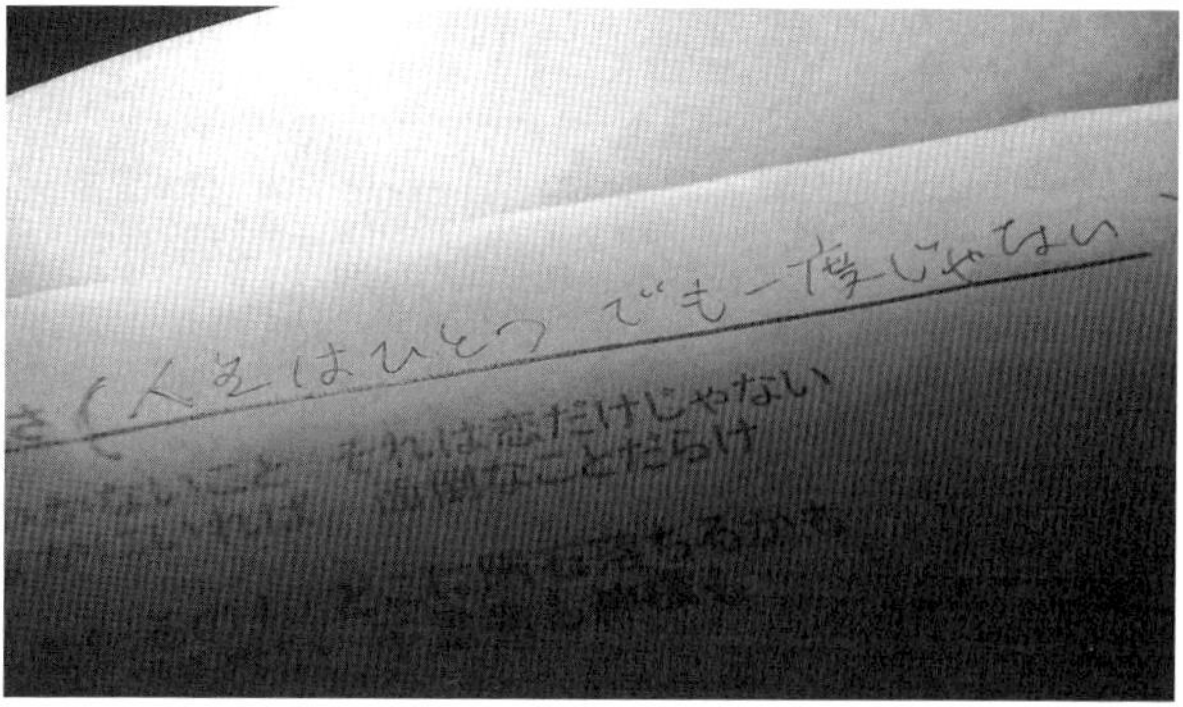

手書きされた新曲のタイトル

「大丈夫というメッセージはかけがえのないものなんだけど、世にあふれているフレーズでもあるわけでしょ。だからこそ、どこにでも転がっている『大丈夫』ではなく、僕なりの『大丈夫』というメッセージを表現しなくてはいけないと考えたんです。それも受け手の目を惹くというか、こういう言い方をされると『大丈夫』というメッセージが新鮮に感じるなと思ってもらえるような表現じゃなくちゃいけない。それで、『人生はひとつ　でも一度じゃない』という聞き手の耳にひっかかるようなタイトルを選んだんです」

たしかに、「人生はひとつ　でも一度じゃない」という表現はストレートな物言いではない。メッセージとしてはどこか遠回りな感じがするし、その意味もすぐには理解しづらい。ただ、この時点ではそれ以上、財津の狙いを深追いして聞くことはしなかった。「人生はひとつ　でも一度じゃない」というタイトルに財津はどんな意味を持たせようとしているのか？　それは新曲が本当の意味で完成する、お披露目のときにあらためてじっくり聞けばいい。

財津は新曲をフルバンド編成が可能なコンサートではなく、少数の楽器のみによるオンラインライブで披露するという。

「コロナで大勢の観客が入るコンサートはできませんから。ただし、オンラインだとツアーのようなフルバンドで歌うことは難しい。これまでのオンラインライブも僕ひとりがギターだけ、キーボードだけで歌うという形でやってきました。その分、演奏の完成度が落ちることは覚悟の上です。そんなお披露目でも久しぶりに財津の新曲が聞けてうれしかったと喜んでくれる人がいたら、僕としてはやりがいがあったと思っています」

そう言い残して、財津は笑顔でコントロールルームを去っていった。新曲お披露目を一週間後に控えた暖かな一二月の日だった。

第六章　「人生はひとつ　でも一度じゃない」に込めた思い

「明らかに緊張しています」

二〇二〇年一二月一三日、オンラインイベント当日。

一六時からの開始に備え、スタジオ内では大勢のスタッフが立ち働いていた。私たち取材クルーも数台のカメラを設置するため、昼過ぎにはスタジオ入りしていた。

一三時過ぎ、財津がやってきた。

——おはようございます。今日はよろしくお願いします。

「取材に入られるんでしたね。こちらこそ、よろしく」

財津との短いあいさつのやりとり。その様子は普段と変わらない。しかし、マネージャーはこう首を振った。

「いやいや、そんなことないですよ。取材カメラが入るので気が張っていると思いますし、何よりも今日は新曲を歌う予定でしょ？　財津はいつもより明らかに緊張しています」

そのことばに、私はあらためて特別な時間に立ち会っているのだという思いを強くした。

リハーサルが始まったのはその直後のことだった。前回のオンラインイベントでもカメラを回したが、そのときのリハーサルでは財津が演奏を予定していた曲を通しで歌うことはなかった。あくまでも、気になるパートを微調整するかのように軽く歌うだけにとどめていた。しかし、今日の財津は違う。新曲の出来が気になるのか、何度も何度も納得するまで新曲を歌っている。そして一六時。いよいよオンラインイベントの時間がやってきた。

歌い終えた後に出てきた意外なことば

一六時〇一分。マスク姿の財津の姿が配信された。明るい口調で、財津が配信用カメラに向けてこう呼びかける。

「いやあ。四時かっきりのスタートの予定だったんですけど、トイレに行ってたもんで（笑）。ごめんなさい、一分遅れちゃいました。今日もみなさん、私がしゃべっている映像の前まで来ていただいてありがとうございます。このご時世だけど、マスクは外しましょう。ここは私ひとりなんで感染の心配はありません。マスク外さないと声も届かない感じがしますしね」

財津のあいさつはさらに続く。

「年とると乾燥に弱くなるんで、夜はマスクをして寝ています。窓から入ってきた冷たい外気で顔を冷やされ、ゴホゴホと咳《せ》きこんじゃう。おかげで喉をやられることもしょっちゅうです。冬場は喉がね、やられます。今日もお聞き苦しい声になっているかもしれません。でもね、悪声だろうが何だろうが、今日はがんばって歌います。もちろん、おしゃべりも。話し出すととめどもなくなってしまうかもしれませんけど。長いお付き合いになりますが、よろしくお願いいたします」

あいさつが終わると、まずはトークの時間。その後、お便り紹介のコーナーを挟み、いよいよ一七時から新曲お披露目のライブが始まった。

「そろそろミニライブ、やりましょうか。今日はお約束していた新曲の発表でございます！」

そう言うと、財津は立ちあがり、スタンドマイクの前に移動した。配信スタッフも部屋に入り、あわただしく財津にカメラ位置などを伝えている。すべての準備が整ったことを見届けた財津が感慨深げにこう切り出した。

「さあ、いよいよ人前で歌うのか、この曲を。では、いきましょう。タイトルはね、『人

生はひとつ　でも一度じゃない』。スタート！」

人生はひとつ　でも一度じゃない

うまくいかないこと　それは恋だけじゃない
人のなかにいれば　面倒なことだらけ
宝くじ当たるのも　どこに隕石《いんせき》落ちるかも
誰にもわからない　予言者も神様も

大丈夫さ　大丈夫さ　うまくゆくから
大きな力　君の中から
大丈夫さ　大丈夫さ　すべてうまくゆく
人生はひとつ　でも一度じゃない

幸せのことは　誰も教えてくれない
自分で探すのさ　好きなうた選ぶように
なぜいつもつまづき　なぜ自信がもてない
大人になった誰も　悩みは消えないもの

大丈夫さ　大丈夫さ　うまくゆくから
よみがえる力　君の中から
大丈夫さ　大丈夫さ　すべてうまくゆく
人生はひとつ　でも一度じゃない

悲しいときは鳥になり　空から眺めよう
嬉しいときは蟻《あり》になり　喜び運び続けよう
生まれてきたわけなんて　わからなくてもいいんだ
地球は回り続ける　君は歩き続ける

オンラインイベントで新曲を披露する財津

大丈夫さ　大丈夫さ　うまくゆくから
前を向いたら　そうさ今から
大丈夫さ　大丈夫さ　すべてうまくゆく
人生はひとつ　でも一度じゃない

最終フレーズを歌い終えた財津。さぞかし満足しているかと思いきや、予想に反してその表情は硬い。そして、短くこう言い放った。

「もう喉ガラガラでしたね。これはもう一回リベンジしなきゃいかんな」

このひと言に私たちは驚いてしまった。これだけ悩みに悩み、時間をかけて完成させた新曲をようやく歌い終えたのだ。なのに、達成感に浸る間もなく、

「リベンジ」のひと言を口にする。悔いが残らないように丁寧に制作した新曲だからこそ、最高の状態で届けたい。そんな財津のプロ意識をひしひしと感じた。

「定期的にリモートでみなさんとお会いしたいと思っています。ちょっと病みつきになってきました。このオンラインイベントはおしゃべりの後に生で歌うことが基本ですから。だから、歌が下手でもご勘弁っていうことでございます。必ず、またお会いしたいと思います。本当に今日はお付き合い、ありがとうございました」

そう語る財津の表情は少し悔しそうだった。

「自分に戻ってきた」

配信終了後、スタッフと機材の片づけをする財津に新曲お披露目の手ごたえを聞いてみた。

――歌ってみてどうでしたか?

「いやあ、せっかくの新曲発表なのに、喉がね。今日のドライな空気にやられてしまいました。やっぱり年のせいかな?」

――いまの思いを聞かせてください。

「オンラインイベントは生配信ですからね、うまく歌えなくても繕いようがありません。（喉が不調で）本当に恥ずかしい思いをしましたけど、メッセージソングなので歌詞に込めた思いがうまく伝わればよいと割りきって歌いました。ただね、曲そのものの出来栄えについては満足しています。歌ってみて違和感がない。長い時間をかけ、ことばを選びに選んで作った甲斐がありました。納得できなければ修正もありかなと思っていましたが、もうこのままでいいかなといまは思っています」

――違和感がなかったとは具体的にどんなところでしょう？

「歌詞が自分のことばとしてすんなり出てくるんです。メッセージソングってともすると、歌詞が嫌みに聞こえてくることがあるでしょ？　だけど、この曲はどのフレーズを歌っても、自分の言いたいことが素直に歌えているなと思えたんです」

喉の調子が悪く、歌唱の完成度としては満足できなかったものの、選びに選び抜いた詞など、曲の出来栄えについては満足できているようだった。オンラインイベントのチャットでも「感動した」「元気をもらった」などのメッセージが多く寄せられたと伝えると、財津がこう笑った。

「メッセージソングということで、僕が押しつけがましく歌っているように思えたらもう聞かないでくださいと謝るつもりでした。だから、肯定的なメッセージをたくさんいただけたことは素直にうれしいですね。ただ、この曲は聴く人に向けてのメッセージソングというよりも自分に向かって言い聞かせる歌なんです」

——新曲は自分に向けての歌なんですか?

「この年ですから、そろそろ引き際を考えないといけませんよね。でも、この曲を歌っているうちに、『オレ、もう一回やり直せるな』と思えるようになってきたんです。今日だってなかなか声が出ず、うまく歌えませんでした。けれど、もう一度やり直せると思ったからこそ、『リベンジ』というセリフをつぶやけたんでしょうね。『人生はひとつ　でも一度じゃない』というみなさんに向けたメッセージが僕のもとへ戻ってきたと感じています」

疲れも見せずに一気にそう語る財津。そこには年齢を理由に新しいチャレンジを諦める以前の姿はなかった。

新曲に込めた思いは他にも

「人生はひとつ　でも一度じゃない」という新曲には比喩的な表現が散見する。

たとえば、「幸せのことは　誰も教えてくれない／自分で探すのさ　好きなうた選ぶように」という表現。ケセラセラ的な響きがして印象深いフレーズだ。財津はどんな思いでこのフレーズを書いたのだろうか？　そこに込められている真意について、財津はこう語っている。

「いつの時代でも、人は幸せを探し求めますよね。でも、幸せの青い鳥じゃないけど、本当の幸せはごく身近なところにあると思うんですよ。自分の意識を変えたり、自分が変わったりすることで、これまで見過ごしてきたものの中に幸せが隠れていたことに気づく。そんなだったら、僕たちも好きな歌を選ぶように、幸せと思えることは自分で探せばいい。そんなメッセージをこのフレーズを通じて送りたかったんです」

「宝くじ当たるのも　どこに隕石落ちるかも／誰にもわからない　予言者も神様も」という印象深いフレーズについても聞いてみた。

「神様ということばをどうしても使いたかったんです。神って全能ですよね。その神に頼って生きることもひとつの人生だろうけど、それよりも全能の神はひとまず横に置いて、自分自身で生き方を決めるほうがいいんじゃない？　すべては自分次第だよねってことを言いたかった。未来のことなんてだれもわからないからこそ、自分の力で未来に向かって歩く瞬間がすばらしいと伝えたかったんです」

パンデミックの襲来も予測できるものではない。このフレーズはコロナ禍の現状も描いているのだろうか？　財津の答えはイエスだった。

「コロナにしろ、何にしろ、あるがままに受け入れるしかない。大事なことは現実を受け入れた上で、自分が何を選択し、何を為《な》すかなんです。現状をありのままに認めることができる強さを持ちたいと願っています。弱い人間がたくましく生きるためにも、そういう覚悟をお腹《なか》の中に持つことは大切でしょう」

新曲ではコロナ禍を連想させるような詞は極力入れたくないと語っていた財津だが、いまの時代だからこそ胸に来ることばがちりばめられているのだと感じた。

三番の歌詞、「悲しいときは鳥になり　空から眺めよう／嬉しいときは蟻になり　喜び運び続けよう」というフレーズも、財津にその解釈を聞きたい歌詞だった。一緒に番組を作っていたプロデューサーも私もフレーズの素敵さは認めていても、その意味となるといまいち計りかねていたからだ。このフレーズを「不思議な歌詞ですね」と伝えると、財津が自信満々にこう説明してくれた。

「これは明確な答えがあるんです。要は人生を俯瞰《ふかん》して眺めてみようというメッセージなんです。地上での悩みごとも高い空から眺めてみると、『なんだ。あんな小さなことを気に病んでいたのか』と思えるかもしれない。だからこそ、まずは鳥のように悠々と舞いながら、『高い空からのんびりと考えてみようよ』と言いたかったんです」

――それでは「嬉しいときは蟻になり　喜び運び続けよう」は？

「これは蟻のように仲間と地べたに足をつけて働いたり、喜んだりすれば、人生がもっと楽しくなるということを伝えたかったんです。地べたに這いつくばっていてもうれしいことはある。そんなときは地べたで仲間といっしょにもっともっと喜ぼうよ、楽しもうよ、ということなんです」

それぞれのフレーズには財津のさまざまなメッセージが込められていた。そんな財津の思いを踏まえてもう一度この曲を聞いてみると、これまでとは違った曲に聞こえるのではないだろうか。

粗品だけど受け取って

オンラインライブを終えて数日後、私たちはふたたび新曲について財津にインタビューをお願いした。お披露目直後の高揚した感想でなく、しばらく時間を置いてクールダウンした状況でその所感を聞いてみたかったからだ。

——やっとファンに新曲を届けることができましたね？

「いまは生まれたばかりの赤ちゃんを恐々《こわごわ》と抱っこしているような気持ちです。無事に生まれてきてくれたかな、すくすくと育ってくれるかなと思うとちょっと怖い（笑）。そんな気持ちになるのは曲を作る側の宿命なのかもしれません。曲の出自やその後の成長が気になって、作品として味わうことがなかなかできないんです。客観的になれるのはそうだなあ、あと三〇年くらいの時間が必要でしょうね」

——財津さんのような曲作りのプロでも曲の出来、不出来が気になるものなのでしょうか？

「作り手だからこそ、曲の長所や欠点がよくわかりますから。じつを言うと、新曲も手直ししたい部分はある。だけど、時間を見つけて修正したとしてもすぐにまた、『あれ、今度はこっちがダメだぞ』『何とか軌道修正しなくちゃ』と思う箇所が出てくる。その繰り返しが永遠に続くんですね。まあ、しようがありません。曲を作るとはそういうものなんでしょう」

オンラインライブで新曲を披露した直後には高ぶっていた財津だが、この日はいつものように謙虚で少し気弱な財津に戻っていた。

オンラインライブ時に、チャット経由で寄せられたファンの声についても聞いてみた。その内容は「勇気が出た」「励まされた」など、新曲をポジティブに評価するメッセージがほとんどだった。

「それがね、どういうわけか、新曲に対する評判の声が耳に入ってこないんですよ。私がＳＮＳに疎いせいなのか、それとも視聴者のみなさんが、『ダメ出しするのはかわいそうだから黙っておこう』と気遣ってくれているせいなのか、ちょっとわかりませんけど

（笑）」

面白いと感じたのは財津が今度の新曲を「粗品」にたとえて説明してみせたことだった。

「だけどね、この年齢ですから。何と評価されても別にいいかなという思いもあるんです。最低、最悪と酷評されたってかまわない。まいったなとは思うんでしょうけど、反省する時間的余裕も体力ももうありませんよ。なので、吐き出した曲は、『ごめんなさい。粗品だけど受け取ってください』と開き直るしかない。そもそも、今度の新曲はメッセージソングでありながら、自己満足の曲でもある。僕の青春時代だった六〇年代サウンドを意識して、楽しみながら作りましたから。自分が楽しめる曲であることが第一。後のことなんてもう知りません（笑）」

そのことばを聞いて、以前のインタビューで財津がファンに向け、「まっさらな画用紙をお渡しします。あとはみなさんが好きなように描いてください」と説明していたことを思い出してしまった。音楽人生初のメッセージソングとなった今回の新曲制作は、財津にとって新しいチャレンジだった。しかし、ファンに曲を届けるという行為そのものは、これまでと変わらない。まっさらな画用紙を配る行為にすぎないのだと気づかされた。

タイトル決定の裏エピソードも

このインタビューで財津は新曲のタイトルにまつわるエピソードも明かしてくれた。

「作詞講座でこのタイトルを口にしたことがあるんです。男性は『よくわかる』とうなずく人が多かったんですけど、女性はそうじゃなかった。『いまさら生まれ変わるとしても、それが何になるの?』と首を振る人が圧倒的でした。やり直す前と後に人生をスパッと切り分けることができると考える男性と、『やり直すもやり直せないもない。人生を楽しく、幸せに生きるだけ』と考える女性では反応が丸っきり逆だった。このタイトルは、男に受ける男ことばだったんです。たしかに僕が娘に言うとしたら、エールを送るのに『人生はひとつ　でも一度じゃない』とは言わない。このフレーズはやっぱり、男親が社会でがんばっている息子に向けて発するような男ことばなんですよ。そのことに思い至ったときは、失敗したと思いました。人口の半分を占める女性にもこの曲を買ってもらわないといけないのに、それが難しくなっちゃうんですから」

人口の半分がそっぽを向きかねないことばなのに、財津はタイトルどころか、曲のサビにもこのフレーズを採用した。財津は、シングル三枚目の「心の旅」以降の曲はほぼ自己満足で作った曲だと私に漏らしたことがある。今回の新曲もだれが何と言おうと、自分が満足できるものにしたいということなのか？　ことばは悪いが財津の頑固さを感じた瞬間だった。しかし、それこそがアーティスト・財津和夫の意地であり、プライドなのだろう。

「あとひと仕事、ふた仕事」

新曲の披露から一週間後、財津は福岡にいた。私たち取材クルーも財津を追いかけ、関門海峡を渡った。福岡入りの当日は曇天の寒い日だった。温暖なイメージのある福岡だが、日本海に面しているということもあって曇り空が多い。この日も朝からどんよりした雲が上空に厚く垂れこめていた。

その寒い日に財津が何をしていたかというと——以前に散歩のロケをした大濠公園近くの路上を黙々とウォーキング中だった。その歩みは速く、強い意志を感じるほどだった。

じつは福岡に行く前、財津は私たちに思わせぶりなことばを残していた。

「もうすぐ五〇周年を迎えます。何かしらやりたいな、と。以前の僕だったら、やろうとは考えなかったでしょうね。でもいまは、メンバーやスタッフに無性に会いたい。会っていっしょにツアーに出かけたい。バラバラだった親戚が、久しぶりに法事に集まって無事を喜び合いたいみたいな心境なんです。これって年のせいなのかな（笑）」

――五〇周年、本当にやるんですか？

私の問いかけに対する財津の答えは、「あとひと仕事、ふた仕事したい」というものだった。財津が続ける。

「最近、昔よりもうまく歌えるんじゃないかという気持ちになっているんです。年齢を重ねてできないことが増えてきたのは事実ですけど、ひとつに絞って挑戦すれば、まだまだやれるんじゃないかな？　それがTULIP五〇周年記念ツアー。夢のような話ですからね、ぜひともやりたい。そのためにも体を鍛えておかなければいけませんね」

ようやく新曲発表にこぎつけたと思ったら、息をつくひまもなく今度は五〇周年記念ツアーへのチャレンジを決めた財津。ウォーキングの際に感じた強い意志は、その決意の表れだったのだろう。

本当にリベンジした

二〇二一年正月。財津の「あとひと仕事、ふた仕事」がさっそく始動することになった。財津のマネージャーが電話越しにこう言う。

「財津のリベンジが具体的に決まりました」

オンラインイベントでは、財津は喉の調子が悪く、できるならもう一度新曲をレコーディングし、番組を通して届けたいと漏らしていた。ただ、再レコーディングのような、時間もコストもかかる作業が本当に実現するとは私は思っていなかった。あらためて新曲に対する財津の思いの強さを感じた。

レコーディングの当日、いつものスタジオに到着すると、財津が準備万端の面持ちで収録待ちをしていた。「いつでも撮影に入れるぞ」という気迫に満ち満ちている。この日のレコーディングは、前回よりもはるかに細部にこだわったものとなった。

録音は都合三回行われたが、財津特有の澄んだハイトーンがよく響き、私たちの耳にはいずれも完璧な出来に聞こえた。それほどこの日の財津の歌声は美しかった。

財津が選んだのは、三度目の録音だった。

「成功テイクはラストテイク」

財津のひと声で、この日のレコーディングは終わった。

「ザ・ヒューマン」の放映ではオンラインイベントでの新曲披露とこの日の再レコーディングと、二度の歌唱シーンを放映させてもらった。財津にすれば、出来が悪かったと感じるオンラインイベントの映像を使用されることには抵抗があったに違いない。しかし、新曲に賭ける財津の思いをできるだけ多くの視聴者に知ってもらいたいと無理にお願いし、放映することを了承してもらった。結果的に二度の歌唱シーンをオンエアできたことで、財津のアーティストとしての魅力を深掘りできたと自負している。こうして足掛け四年に及ぶ私たちの取材はひとまず幕を閉じた。


「歌を歌って生きて行きたい」

二〇二一年一二月、ＴＵＬＩＰの結成五〇周年記念ツアーが正式決定した。ツアーのプレスリリースの前、ツアーについて訊ねると、財津は率直な思いを教えてくれた。

「やりたいですね、でも本当にできるのかどうか、また体力勝負なところがあるので、不安は若干あるんです。でも体力温存できるような、やり方っていうのもあるのかなって、いまいろいろ試行錯誤の途中です。この年になって五〇周年というのもやれたらそれはやっぱり、一大仕事ですから、やり終えたときうれしいでしょうね。ですから、五〇周年が仮に、つつがなく終わったときに、自分がどうなるのか、想像がつかないんですよ。『あれっ？』て、『わたしって灰になっちゃうのかもしれないな』って思ったりするんで、意外とすごい大きな目標になっていますよね」

第一章でも紹介した財津のインディーズ時代の幻のデビュー作「私の小さな人生」は、「歌を歌って生きて行きたい」という印象的なフレーズで結ばれている。五〇年にわたり、歌を歌って生きてきた財津にとっていま、このフレーズはどんな意味があるのだろう？

二〇二〇年師走に行ったインタビューでの財津の答えを紹介しよう。

「歌うことの意味？　それがわかっていたら、多分途中で歌うことをやめていたかもしれません。だってわかってしまったら、『何だ、そんなことのためにオレは歌い続けてきたのか』と歌への意欲を失いかねない。だから、歌うことの意味を知りたくない、その答えを探したくないと思っているのかもしれません。無限に明日があって、幼い子どものような自分がいて、がむしゃらに歌いたいから歌う、ただ、それだけのことです」

加齢による体の衰え、そして大腸がんの発病という人生の難事に遭遇し、一時は引退さえ考えたという財津。その壁を乗り越え、新たな挑戦へと立ち向かう財津の姿はコロナ禍に苦しむ人々に、再生のきっかけを与えたと思えてならない。

私が財津を取材しようと思い立ったのは、希代のアーティストが音楽人生の幕を閉じるその瞬間を記録したいと考えたからだった。しかし、財津の生きざまはまったく逆だった。どんな壁にぶつかっても、そしてそれが七〇歳を超えてからのチャレンジであっても、人は何度でもやり直せる、これからが新しいスタートだと周囲を鼓舞するものだった。そこに「音楽人生の終幕」というイメージは微塵《みじん》もない。

二〇〇〇年代生まれの若者からすれば、財津は「このおじさん、だれ?」という存在であってもおかしくない。若かりし頃の財津を知る中高年世代でも財津のことをもはや、「往年の名歌手」くらいにしか思っていない人もいるかもしれない。しかし、足掛け四年にわたり私が見つめ続けてきた財津和夫という希代の音楽家は、常に前を向いて歩き続ける現在進行形の大スターだった。今日も明日も、そしてこれからも、財津は歌とともに生きていく。そう私は確信している。

（文中敬称略）

あとがき

番組を放送したあと、ともに番組を制作した堀まゆみプロデューサーから、うれしい連絡をもらった。彼女の母親の友人が、これまで続けてきた仕事を辞めようと思っていたが、「ザ・ヒューマン」を見たことをきっかけに励まされ、やっぱり続けることにしたというものだった。がむしゃらに生き続ける財津さんの姿は、同じように生き方に悩む人たちにとって大きなものとなるのでは——それがこの本を書くきっかけになった。今回この本を手にとってくださった読者の方の中にも、そういった方がいれば取材者冥利につきる。

また、貴重な時間を割いて取材にご協力いただいた奥口美樹さん、為田和子さん、宮崎彰文さん、そして西鉄ホテルズの松本憲治さんに、この場をお借りしてお礼申しあげます。

そして、常に前向きに取材にご協力いただいたピラミッドの大木怜マネージャー、ともに悩みながら取材を続けてきた荘司知春カメラマン、木庭明子ライトマン、松岡智洋ディレクター、過去すべての映像をチェックし、私が気づかない財津さんの魅力を見つけ出した林洋三編集マン、時には意見をぶつけ合いながら、最後までいっしょにこだわって番組を見届けてくれた堀まゆみプロデューサーにあらためて感謝を伝えたい。

最後に、足掛け四年にわたり嫌な顔ひとつせず、私たちの長期取材を快く受け入れ、本来入ることが許されないような曲作りの現場にまで入ることを許してくれた財津和夫さんにあらためて感謝申しあげます。私のディレクター人生の中で、特別な取材になりました。この本が前に進もうとする財津さんの背中を押し、五〇周年記念の全国ツアー成功に少しでも貢献できることを祈っています。

二〇二二年三月

川上雄三

写真協力
シンコーミュージック・エンタテイメント
　p.31
NHK
　p.14, 18, 47, 59, 62, 89, 91, 113, 124, 145, 153

撮影（表紙・本扉）
　下城英悟

JASRAC　出　2202005-201

川上雄三（かわかみ　ゆうぞう）

一九八七年福岡県生まれ。NHKディレクターとして「NHKスペシャル」や「クローズアップ現代」などの制作に携わる。二〇一六年放送NHKスペシャル「震度7　何が生死を分けたのか～埋もれたデータ　21年目の真実～」は「第四二回放送文化基金賞テレビドキュメンタリー番組部門奨励賞」「第五三回ギャラクシー賞テレビ部門奨励賞」を受賞。

集英社新書一一一一N

財《ざい》津《つ》和《かず》夫《お》　人《じん》生《せい》はひとつでも一度《いちど》じゃない

二〇二二年四月二〇日　第一刷発行

著者……川《かわ》上《かみ》雄《ゆう》三《ぞう》
発行者……樋口尚也
発行所……株式会社集英社
東京都千代田区一ッ橋二-五-一〇　郵便番号一〇一-八〇五〇
電話　〇三-三二三〇-六三九一（編集部）
〇三-三二三〇-六〇八〇（読者係）
〇三-三二三〇-六三九三（販売部）書店専用
装幀……新井千佳子（MOTHER）
印刷所……大日本印刷株式会社　凸版印刷株式会社
製本所……株式会社ブックアート
定価はカバーに表示してあります。

© NHK, Kawakami Yuzo 2022
ISBN 978-4-08-721211-2 C0276
Printed in Japan

造本には十分注意しておりますが、印刷・製本など製造上の不備がありましたら、お手数ですが小社「読者係」までご連絡ください。古書店、フリマアプリ、オークションサイト等で入手されたものは対応いたしかねますのでご了承ください。なお、本書の一部あるいは全部を無断で複写・複製することは、法律で認められた場合を除き、著作権の侵害となります。また、業者など、読者本人以外による本書のデジタル化は、いかなる場合でも一切認められませんのでご注意ください。

a pilot of wisdom

集英社新書　好評既刊

9つの人生　現代インドの聖なるものを求めて〈ノンフィクション〉
ウィリアム・ダルリンプル／パロミタ友美　訳　1100-N
現代インドの辺境で伝統や信仰を受け継ぐ人々を取材。現代文明と精神文化の間に息づくかけがえのない物語。

哲学で抵抗する
高桑和巳　1101-C
あらゆる哲学は抵抗である。奴隷戦争、先住民の闘争、啓蒙主義、公民権運動などを例に挙げる異色の入門書。

奈良で学ぶ　寺院建築入門
海野　聡　1102-D
日本に七万以上ある寺院の源流になった奈良の四寺の建築を解説した、今までにない寺院鑑賞ガイド。

「それから」の大阪
スズキナオ　1103-B
「コロナ後」の大阪を歩き、人に会う。非常時を逞しく、しなやかに生きる町と人の貴重な記録。

ドンキにはなぜペンギンがいるのか
谷頭和希　1104-B
ディスカウントストア「ドン・キホーテ」から、現代日本の都市と新しい共同体の可能性を読み解く。

子どもが教育を選ぶ時代へ
野本響子　1105-E
世界の教育法が集まっているマレーシアで取材を続ける著者が、日本人に新しい教育の選択肢を提示する。

江戸の宇宙論
池内　了　1106-D
江戸後期の「天才たち」による破天荒な活躍を追いつつ、彼らが提示した宇宙論の全貌とその先見性に迫る。

大東亜共栄圏のクールジャパン　「協働」する文化工作
大塚英志　1107-D
戦時下、大政翼賛会がアジアに向けておこなった、文化による国家喧伝と動員の内実を詳らかにする。

僕に方程式を教えてください　少年院の数学教室
髙橋一雄／瀬山士郎／村尾博司　1108-E
なぜ数学こそが、少年たちを立ち直らせるのか。可能性のある子どもたちで溢れる少年院の未来図を描く。

大人の食物アレルギー
福冨友馬　1109-I
患者数が急増している「成人食物アレルギー」。その研究・治療の第一人者による、初の一般向け解説書。

既刊情報の詳細は集英社新書のホームページへ
http://shinsho.shueisha.co.jp/